AF280502

© Elisabeth Schulz
www.ifbh.net
Umschlagfoto: Elisabeth Schulz
Layout: Wolfgang Losch
Textbearbeitung: Nirdosha Sternhagen

1. Auflage 2009
Alle Rechte vorbehalten.

Herstellung und Verlag:
Books on Demand GmbH, Norderstedt

ISBN 9783839115350

Elisabeth Schulz

Träume – ein Weg zur Selbsterkenntnis

Für meine Mutter Valeria Schulz

»Eine Seltenschönheit
in der Einsamkeit verborgen«

Elisabeth Schulz

Träume –
ein Weg zur Selbsterkenntnis

Lebenshilfe im Alltag

Einführung

In jedem von uns schläft ein Buddha, der sich danach sehnt, zu erwachen. Mit Hilfe unserer Träume ist das möglich. Ist dieses innere Wesen erst erwacht, bedarf es keiner Träume mehr – denn das Bewusstsein eines erwachten Menschen ist reines Gewahrsein und sucht nicht mehr nach den Boten der Nacht, um sich selbst zu erkennen.
Der Weg zum Erwachen ist lang und kann ein ganzes Leben dauern. Aber jede Nacht wieder öffnet sich das Tor in das unbekannte Reich unserer Seele.
Träume sind ein Königsweg (S. Freud) auf der Suche nach Selbsterkenntnis und in den meisten Psychotherapien wichtig. Ihre Sprache entbehrt jeder Logik und ist jenseits unserer Verstandeskräfte, zeigt unbewusste Lebensthemen auf und führt hin zu den verdrängten Wünschen oder Traumata.
Dringen wir über das Traumstudium in eine andere Wirklichkeit ein, öffnet sich jede Nacht erneut das Geheimnis, das im innersten Kern unseres Wesens wohnt.

Da ich selber meinen Lebensweg über die nächtlichen Hinweise meiner Traumkraft gefunden habe, möchte ich auch in anderen Menschen die Leidenschaft wecken, sich über die Träume selbst zu erkennen, die Botschaften der Nacht als Nachrichten ihrer Seele zu verstehen und dadurch zu mehr Gesundheit und Glück zu finden. Dieses bedeutet, in ein Leben hineinzuerwachen, in dem Träume gelebt werden und die Fülle des Lebens sich ausdrücken kann.

Die dem Menschen innewohnende Traumkraft stärkt die Selbstheilungskräfte. Durch das Traumstudium kann sie lebendig werden und uns heilen. In jedem von uns schläft diese kreative Quelle und wird sie erweckt, gleicht sie dem Samen einer Blume, der unter dem Schnee in der Dunkelheit zu schlafen scheint, aber davon träumt, im Licht der Sonne zu wachsen, um schließlich in voller Blüte dem Leben Schönheit und Duft zu schenken.

Über das Wesen der Träume

Solange es uns Menschen gibt, versuchen wir, die Geheimnisse um unsere nächtlichen Träume zu entschlüsseln. Träume sind Gedanken des Herzens und zeigen unser wirkliches Gesicht: das Gesicht unserer Seele. Sie spricht, wie auch das Herz, auf ganz einfache Weise zu uns, ohne jede intellektuelle Logik. Doch in der heutigen Zeit, in der vorwiegend Äußerlichkeiten interessant sind, scheinen Träume im Alltag ihre Bedeutung verloren zu haben.

Alle Menschen, die mir nahe stehen, haben Interesse an ihren Träumen und Lust, mit mir darüber zu sprechen. Diese Gespräche sind wie zarte Spitzen, zarte Kunstwerke, die unseren Alltag lebendig machen.
Was wären wir ohne den Kontakt zu unserer Seele? Was wären wir ohne den Zugang zur Mythologie oder zur Mystik der Nacht? Jede Nacht erneut können wir uns diesen Wundern öffnen und Zugang zu unserer Seele und deren Kräften, die aus dem großen Meer der Seelen gespeist werden, bekommen.

Die Sprache der Träume ist eine ganz spezielle. Wie bereits erwähnt, folgt sie der Logik des Herzens und zwingt uns letztendlich auch, die Traumsymbolik besser zu verstehen.
Die Funktion des Traums hält für unser Seelenleben Verschiedenes bereit. So gibt es Träume

▷ die den Mangel des Alltags kompensieren

▷ die uns vor Fehlentscheidungen warnen

▷ Alltagsträume, in denen wir Erlebnisse des Tages verarbeiten

▷ Individuationsträume, die entstehen, wenn wir uns auf den Weg der Selbsterkenntnis begeben und die Räume unseres Innersten erforschen

▷ Aufarbeitungsträume in der Therapie

▷ Träume, die uns mit Archetypen überraschen können

▷ die uns ermuntern, einer Veränderung im Leben zuzustimmen

▷ die uns warnen

▷ und welche, die uns in schwierigen Situationen auf die Zukunft vorbereiten

▷ sowie Träume, die uns über die Energie, die sie freisetzen, glücklich sein lassen, sogenannte Glücksträume.

Auf dem Lebensweg sind Träume eine wichtige Orientierungshilfe. Um sie zu verstehen, müssen wir uns ein wenig mit den Traumsymbolen befassen. Sie sind wie eine Fremdsprache, die es zu erlernen gilt. Aber auch da wird uns die Kraft der Träume hilfreich zur Seite stehen. Gibt es in unserem Leben etwas Schöneres, als uns selbst kennen zu lernen?
Albträume können wir aufklären. Sie geben uns Hinweise, dass etwas in unserem Leben nicht richtig läuft.

Wir können bei bestimmten Entscheidungen Träume gezielt um Hilfe bitten und diese können uns warnen, wenn wir beispielsweise für eine wichtige Reise etwas vergessen haben oder aber dabei sind, im Alltag etwas Wichtiges zu übersehen, was tragische Folgen haben könnte. Die Achtsamkeit unseres Lebens wird durch die Arbeit mit Träumen geübt.
Natürlich gibt es auch Warnträume in Bezug auf unsere Gesundheit.
Wir finden aber auch Wandlungsträume, in denen wir zu dem werden, was wir eigentlich sind.
Es gibt prophetische Träume und Träume, die uns in veränderte Bewusstseinszustände geleiten.
Das sogenannte Wachträumen ist eine Möglichkeit, bewusst zu träumen, den Traum zu lenken und außerkörperliche Erfahrungen zu machen.

Über eines sollten wir uns im Klaren sein: Der Traum gehört zu unserem Leben dazu. Er hat so etwas wie eine natürliche Heilkraft. Schon Babys träumen im Mutterleib und Tiere träumen, wenn sie schlafen.

So lange es uns Menschen gibt, werden wir uns mit Träumen auseinandersetzen, um uns und unser Leben auf dieser Erde zu verstehen.

Jeder ungedeutete Traum ist wie ein ungelesener Brief

C.G. Jung

Auf vielfache Weise bemüht sich die Seele, durch das Traumgeschehen Botschaften an unser Bewusstsein zu senden. Der Sinn der phantasievollen Bilder bleibt uns jedoch oft verborgen. Die Deutung der Träume ist erlernbar, wie eine Fremdsprache. Je tiefer der Traumdeuter in die Nachtwelt einsteigt, umso besser wird er die Botschaften der Träume verstehen und umso spannender und lebendiger wird die Antwort sein. Die positive Kraft der Träume verändert unser Leben und lässt es erfüllter und wertvoller sein.

Bereits C.G. Jung erkannte, dass jeder ungedeutete Traum wie ein ungelesener Brief ist. Und haben wir nicht alle einmal erfahren, wie sehr ein liebevoller Brief den Tag verschönern kann? Die Seele spricht nicht nur in Symbolbildern, sondern nutzt Sprichworte aus der Umgangssprache und Wortspielereien, die sich auf die Umformung spezieller Traumsymbole oder die Körpersprache beziehen.

»Den Mund zu voll nehmen!«, »Die Ohren steif halten!«, sind nur zwei Beispiele für die Möglichkeit, unsere Umgangssprache in die Traumsymbolik einfließen zu lassen.

Ein unendlicher Reichtum, einem wertvollen Schatz gleich, kann aus unserem Unterbewusstsein geborgen werden. Hierzu benötigen wir nur Heft und Stift schreibbereit neben dem Bett und der Vorsatz: „Ich möchte mich an einen Traum erinnern!" wird ein intensives Traumerleben auslösen.

Nach dem Aufwachen sollten wir noch etwas im Bett liegen bleiben und uns an das vorhandene Gefühl oder an das letzte Bild erinnern. Oft reicht ein winziger Fetzen, um den gesamten Traum zurückzuholen. Das ist dann der richtige Moment, den Traum aufzuschreiben – und zwar immer!

Mit Hilfe eines persönlichen Traumbuches können wir also bedeutsame seelische Entwicklungen verfolgen.

Ein weiterer wichtiger Punkt ist das Erzählen eines Traumes. Denn das, was uns als Unsinn erscheint, lässt oft den Zuhörer aufhorchen und wichtige Hinweise geben. Träume sprechen uns alle an und können mit etwas Mut unseren Alltag verändern und mit Träumen bereichern.

Doch nun zur Deutung. Es darf bei der Symbolsprache nicht vergessen werden, dass jeder Mensch auch seine eigene Symbolik besitzt – geprägt durch die individuelle Entwicklung und Umwelt. Das Pferd hat zum Beispiel für einen aktiven Reiter eine andere Bedeutung als für einen Auto fahrenden Großstadtmenschen. Wortspielereien kommen häufig vor. Oft wird dann ein Traum nicht verstanden oder es folgt der Satz: „Ich habe nur Unsinn geträumt!" Doch liebevoll, spielerisch und humorvoll versucht die Seele, uns immer wieder die Sinnhaftigkeit unserer Träume deutlich zu machen.

Am Beispiel einer Träumerin ist folgende Wortspielerei zu erkennen.

„Mit dem Gefühl von Ärger und Wut im Bauch erwachte ich. Der Traum war noch sehr klar in meinem Gedächtnis und ich kann ihn ohne Mühe wiedergeben:

Ich gehe mit einer Arbeitskollegin in ein Restaurant. Auf der Speisenkarte stehen Aalgerichte. Niemals würde ich dieses Fischgericht bestellen. Auf einem verdeckten Teller bekomme ich dann gegen meinen Wunsch ein Aalgericht serviert. Ich probiere von dem Aal und stelle fest, dass er schlecht und ungenießbar ist. Unverschämterweise kommt dann auch noch der Kellner und bringt mir die Rechnung über 15,50€.
Mit dem Gefühl von Wut und Ärger über das schlechte, ungewollte Essen und den hohen Preis, den ich dafür zahlen muss, wache ich auf."

Da die Träumerin den Traum nicht deuten kann, über ihre Intensität von Wut und Ärger aber erschrocken ist, deuten wir diesen Traum gemeinsam.
Wichtig erscheint der Aal, den sie niemals essen würde, also hat er für ihre persönliche Symbolsprache eine besondere Bedeutung.

Zweiter wichtiger Hinweis ist die Rechnung über 15,50 €, da die Träumerin durch den Ärger über die hohe Rechnung erwacht. Scheinbar besteht kein Zusammenhang, doch bei der Analyse entwickelt sich durch Wortspielerei aus dem Wort »Aal« – »Wahl« und dieses Schlüsselwort wurde durch die 15,50 € verstärkt. Aus dem Geldbetrag entsteht das Datum für eine Wahl am Arbeitsplatz. Sie hatte auf Wunsch einer Kollegin den Wahlvorstand übernommen, nicht wissend, wie viel Arbeit da-mit verbunden war. So musste die Träumerin für diese Wahl am 15.5. mit viel Freizeit zahlen. Erst durch die Analyse des Traums wurde ihr die unterdrückte Wut darüber deutlich. Noch hatten diese unterdrückten Gefühle keine schweren körperlichen Symptome hervorgerufen. Die Stimme der Seele hatte den Weg ins Bewusstsein gefunden. Die Träumerin musste über Einfallsreichtum und Humor ihrer Seele lachen, fand dann auch den Mut, an ihrem Arbeitsplatz eine Veränderung vorzunehmen, um die Wahlzeit besser zu überstehen.

Ein anderer Traum lässt ein Beispiel aus der Umgangssprache erkennen. Eine Traumstudentin erzählt ihn während eines Traumseminars:

„Ich gehe einen langen Weg entlang. Meine Füße tasten vorsichtig auf dem lehmigen Boden. Ich kann kaum etwas sehen und als ich noch überlege, warum meine Augen fast blind und der Körper sich tastend durch die Landschaft bewegt, spulen sich die Ereignisse zurück und

ich erkenne, wie ich auf diesen Weg gekommen bin. Kniend arbeite ich im Garten vor meinem Haus. Gerade bin ich dabei, ein paar neue, noch kleine Lebensbäume zu pflanzen, als mein Mann von der Arbeit nach Hause kommt. Lächelnd steht er vor mir und will gerade etwas erzählen, als ein starker Wind aufkommt. So kann ich seine Worte nicht hören. Der Wind bläst mir feinen Sand in die Augen und dann finde ich mich halb blind auf dem Weg gehend wieder."

Da die Träumende selbst keine Erklärung fand, baten wir in der Traumgruppe um Schilderung ihrer Lebenssituation. Monika erwähnte Probleme in ihrer Ehe, die sich durch ihre sich stärker entwickelte Eigenständigkeit ergaben. Durch die Erzie-hung ihrer Kinder war sie in den letzten zwanzig Jahren hauptsächlich an den Haushalt gebunden. Doch nun, da die Kinder außerhalb wohnten, begann sie, ihren eigenen Interessen (durch Lebensbäume symbolisiert) nachzugehen. Die Veränderung ihrer Persönlichkeit machte ihrem Mann Angst und er versuchte, ihr die Wichtigkeit von Haushalt und Ehe deutlich zu machen.

Doch für Monika war inzwischen die Entwicklung ihrer Persönlichkeit wichtiger geworden, worunter aber nicht die Beziehung leiden sollte. Sie erkannte sich deutlich in dem Bild »Sand in die Augen gestreut zu bekommen«, wollte aber dennoch ihren Weg gehen, da sie, wie in dem Traum geschildert, noch nicht klar und ohne Ängste gehen konnte.

Träume erinnern

Die vielfältigen Möglichkeiten, die der Traumzustand bietet, werden erst dann sichtbar, wenn wir uns mit unseren Träumen beschäftigen. Nicht nur die Verarbeitung von Tagesresten oder das Ausleben von nicht eingestandenen Wünschen wird durch das nächtliche Traumerleben gefördert. Kostbar erscheint mir auch die beratende und helfende Funktion der Traumkraft bei allen Lebensfragen. Wichtig ist dazu, dass wir unsere Träume ernst nehmen und wir uns an sie erinnern. Geduldig, feinsinnig und humorvoll wird das Unbewusste Fragen durch Traumbilder beantworten.
Noch heute Nacht können wir damit beginnen, kreativ zu träu-men, den Traumzustand in einen unterstützenden, hilfreichen Bewusstseinsbereich umzuwandeln und durch Nutzung der im Traum empfangenen Problemlösungen unser waches Leben bereichern.

Doch nun zum Rüstzeug. Sind wir Anfänger in der Traumarbeit, sollten wir uns eine einfache Frage überlegen und diese auf eine leere Seite unseres Traumbuches schreiben.
Und vor dem Einschlafen bitten wir unsere Traumkraft um

1) eine Antwort
2) aus diesem Traum geweckt zu werden
3) mit einer klaren Erinnerung an die Antwort.

Ganz entspannt wiederholen wir im Geiste diese Frage, weil das Unbewusste im Übergang vom Wachen zum Schlafen für derartige Impulse besonders empfänglich ist.

Die Nutzung der Traumkraft als Helfer in Lebensfragen ist unter anderem eine Aufgabe in jedem Traumseminar. Dazu folgende Beispiele der Traumstudenten.

Seit längerer Zeit schon war Sabine auf Wohnungssuche. Nach vielen Enttäuschungen der Angebote in Tageszeitungen und Anzeigenblättern wurde ihr durch Bekannte eine 2-Zimmer-Wohnung angeboten. Das Gespräch mit dem Vormieter war unverbindlich, er zeigte ihr die Wohnung und wies darauf hin, dass ein Abstand von 3.000 € erforderlich sei. Sabine gefiel die Wohnung, auch der Mietpreis war nicht überhöht, doch 3.000 € Abstandszahlung, die der Vormieter verlangte, kam ihr sehr hoch vor. Sie bat sich ein wenig Bedenkzeit aus, um ihre Eindrücke zu überschlafen. In der Nacht bat sie ihre Traumkraft bei der Entscheidung um Hilfe und erzählte den darauf folgenden Traum:

„Ich gehe in die neue Wohnung, die Räume sind dunkel. Ich setze mich ins Wohnzimmer. Eine große Uhr hängt an der Wand, sie zeigt halb Acht. Da klingelt es an der Tür. Besuch kommt, es ist Graf Dracula. Ich kann es kaum begreifen, er lebt tatsächlich! Er beißt in meine Hand und saugt mein Blut heraus.
Durch einen ziehenden Schmerz erwache ich.“

Nach diesem Traum entscheidet sich Sabine gegen die Wohnung. Die dunklen Räume erscheinen ihr bedrohlich und wenig lebensbejahend. Die Uhr, die halb Acht zeigt, ist für Sie der Hinweis: »Hab' Acht!« Diese Wortspielerei erkannte sie beim Aufschreiben des Traums. Als Verstärker, um besonders aufmerksam im Traumgeschehen zu sein, wertet sie die Türklingel. Graf Dracula – der Mann, der sie aussaugt – ist für sie der Vormieter, der unverhältnismäßig viel Geld von ihr verlangt. Er beißt in ihre Hand, die das Geld für den Abstand überreichen sollte. Schon wenige Wochen später findet Sabine eine schöne und preisgünstigere Wohnung.

Ein Traumstudent, der Probleme mit seiner Gesundheit hatte, bat seine Traumkraft um Hinweise für eine gute Ernährung. Jan beschreibt folgenden Traum:
„Der Weg, auf dem ich gehe, führt mich zu einem großen Haus. Ich habe eine Einladung zu einem Festessen bekommen. Alle Türen sind offen und ich betrete das Esszimmer. Ausgewählte Speisen stehen auf dem Tisch, der sehr festlich gedeckt ist. Die Anwesenden nehmen Platz, sie essen in Ruhe und ohne Hast. Deutlich kann ich sehen, wie sie jeden Bissen genussvoll kauend auskosten. Die Getränke, die während des Essens angeboten werden – Kaffee, Wein und Bier – lehnen die Gäste ab. Sie verlangen Wasser. Ich finde auf dem Tisch auch kein Fleisch. Es gibt wunderschön zubereitetes Getreide, Obst, Käse und viel Gemüse.

Mit dem Erstaunen, in welcher Ruhe und Gelassenheit die Menschen ihre Nahrung genießen, erwache ich."

Dieser Traum bedarf kaum einer Deutung. Das Unbewusste spiegelt durch die Bilder wider, dass es für Jan wichtig ist, in Ruhe zu essen. Auch auf das intensive Kauen legt die Traumkraft großen Wert. Kaffee, Wein und Bier werden von den Gästen, die Persönlichkeitsanteile des Träumenden symbolisieren, abgelehnt. Auch Fleisch sollte nicht mehr auf Jans Speiseplan stehen, denn es fehlt auf der festlichen Tafel. Durch die Einladung zu diesem Fest symbolisiert die Traumkraft eine Besserung der rheumatischen Beschwerden, wenn Jan sich an die im Traum angebotenen Ernährungsrichtlinien hält.

Eine ganz banale Frage stellte Jutta ihrer Traumkraft. Für einen Ball hatte sie zwei Kleider zur Auswahl. Eine Entscheidung zwischen diesen beiden fiel ihr schwer und so bat sie ihre Träume um Hilfe. Bevor sie einschlief, fiel ihr letzter Blick auf das rote und das schwarze Kleid. Das Traumbild, morgens noch deutlich vor ihren Augen, zeigte sie fröhlich tanzend in dem roten Kleid. Die quälende Entscheidung, die wohl jede Frau kennt, war durch die Träume entschieden worden.

Es zeigt sich also, dass wir die unermesslichen, ungenutzten Hilfsquellen unseres ganzheitlichen Wesens anzapfen und dadurch unsere Alltagssorgen bewältigen können.

Die positiven Kräfte unseres Unterbewusstseins werden durch Traumbilder klar und deutlich zu uns sprechen, denn alle Erfahrungen sowie das gesamte Wissen sind dort wie in einem Computer gespeichert und abrufbar.

Alle Ebenen unseres Wesens werden für die Lösung von Schwierigkeiten verfügbar sein. Wir entwickeln uns durch unsere Träume zu ganzheitlichen Persönlichkeiten und brauchen nicht bloß ein Teil dessen zu bleiben, was wir sein könnten.

Träume zeigen wichtige seelische Entwicklungsprozesse auf. Um diese erkennen und verfolgen zu können, ist es ratsam, wie schon erwähnt, ein Traumtagebuch zu führen.

An dem Beispiel von Anette wird dies sichtbar, da sie über mehrere Jahre kontinuierlich ihre Träume notierte. Aus diesem Traumtagebuch nun einige Sequenzen, die deutlich eine Entwicklung zum Positiven aufweisen:

1. Traum

„Dichter Nebel hüllt mich ein. Es ist kalt und ich friere, obwohl ich einen dicken Mantel trage. Feuchtigkeit und Kälte dringen bis in meine Knochen. Ich bin so allein, um mich herum eine Eiswüste. Meine Füße stehen auf meterdickem Eis, der Blick zum Himmel wird durch den Nebel verdeckt. Mein Rufen nach Hilfe wird durch die Feuchtigkeit verschluckt. So stehe ich nun allein, unbeweglich in einer Eiswüste, nur einen Schlitten an meiner Seite. Meine Füße kleben am Boden, als wäre ich erstarrt. Eiseskälte, Nebel und Einsamkeit nehmen mir den Mut zu leben und mit Tränen in den Augen erwache ich.“

2. Traum, 6 Monate später

„Wieder bin ich auf dem Eis, doch diesmal ist der blaue Himmel sichtbar. Der Nebel hat sich gelichtet, mein Atem kondensiert in der Luft, dicke Felle umhüllen mich, warme Handschuhe

geben mir die Möglichkeit, den Schlittenhund zu führen, der an den Schlitten gebunden ist. Ich bewege mich auf dem Eis, das sich im Licht des Himmels spiegelt. Die Sonne ist nicht sichtbar, doch sie lässt alles hell und klar scheinen. In mir ist Leben, Wärme und Bewegung. Ich werde mit dem Schlitten auf dem Eis in eine mir noch nicht erklärbare Richtung gezogen."

3. Traum, 8 Monate später

„Lächelnd sitze ich in einem Boot, gut angezogen, so dass die Sonne mich nicht verbrennen kann, denn sie scheint warm
und belebend vom klaren Himmel. Meine Hände spielen in dem kalten Wasser, Eisschollen treiben um das Boot herum, berühren ab und an meine Finger und lassen einen leichten Schauer durch meinen Körper rinnen."

4. Traum, weitere 8 Monate

„In einem Boot fahre ich auf einem schönen, blauen See. Die Luft ist warm und ich bin voller Unruhe, denn ich möchte schwimmen. Sanft lasse ich mich aus dem Boot herausgleiten. Am Rande des Sees wiegen sich grüne Weiden leicht im Wind. Völlig unbekleidet sinke ich in das warme Wasser, welches mit einer unendlichen Zartheit meinen Körper umspielt. Es ist, als würde ich tanzen in dem warmen Wasser. Ab und zu berührt mein Körper den Grund des Sees, der mit weichem Moos bewachsen ist. Wie ein Kind spiele ich in dem Wasser, lasse mich, ähnlich wie ein Delfin, durch die blaue

Vier Träume, die einen deutlichen Bezug zu Anettes Leben hatten. Im Mittelpunkt steht das Wasser, welches als Element die emotionale Seite der Träumenden widerspiegelt. Zu Eis gefroren weist es auf eine starke, gefühlsbedingte Belastung hin.
Doch hören wir dazu ihre Lebensgeschichte:

„Der erste Traum war entstanden, als mein Ehemann tödlich verunglückt war. Von heut auf morgen stand ich ganz allein da, hatte niemanden mehr. Auch die Lust zum Leben war verschwunden. Nach einer Zeit der tiefen Traurigkeit entstand dann irgendwann wieder der Wille, zu leben. Doch diesmal, denn mir erschien es, als würde ich mein Leben neu beginnen, sollte es anders sein.
Der zweite Traum kam, als ich mich schon mehr mit mir und meiner Situation auseinandergesetzt hatte. Er gab mir Mut und Kraft, weiterzugehen, nicht aufzugeben. Durch den Verlust meines Partners war ich auf mich selbst zurückgeworfen worden und begann, mich mehr mit mir zu beschäftigen.
Ich begriff, dass auch ein Leben allein wunderschöne Seiten zu bieten hat, die ich vorher nie beachtet hatte.
Im dritten Traum, so habe ich das Gefühl, ist meine damalige Lebenssituation geschildert. Bereit, mich emotional für andere zu öffnen, war da ab und zu noch die Erinnerung an den

Schmerz, selten, doch immer noch fühlbar, die emotionale Kühle, gewachsen aus der tiefen Trauer um den Ehemann, der so plötzlich verstorben war. Durch diesen Traum erkannte ich, dass Schmerz und Traurigkeit mir noch nicht die Möglichkeit gaben, auf andere Menschen offen zuzugehen. Die Fixierung auf mich selbst war meine Art, Trauerarbeit zu leisten."

Da Anette sich mit ihren Träumen beschäftigt, sieht sie den Zusammenhang zwischen den über einen längeren Zeitraum abgelaufenen Traumbildern.
Die erste Sequenz zeigt ihren emotionalen Schmerz, Einsamkeit und vor allem die Orientierungslosigkeit in der damaligen Lebensphase. Wasser symbolisiert die Gefühle der Träumenden. Ist dieses Wasser zu Eis gefroren, befindet sich die betreffende Person in einem Zustand emotionaler Blockierung. Als eine innere Starre beschreiben Menschen, die tiefe Trauer aufgrund eines plötzlichen Todesfalls empfunden haben, diesen Erlebniszustand.
Anette nimmt sich bewegungsunfähig und frierend auf dem Eis wahr. Nebel nimmt ihr die Sicht, verhindert aber auch, dass andere Menschen ihre Trostlosigkeit und ihren Schmerz sehen. Das Frieren ist ein Sinnbild für die emotionale Kälte, die durch den Verlust eines geliebten Menschen empfunden wird.
Nebel im Traumgeschehen nimmt die Sicht auf die Zukunft. Durch den Verlust des Partners ist Anette gezwungen, eine neue Sichtweise für ihr Leben zu finden.

Der Schlitten als Fortbewegungsmittel ist als Symbol der Hoffnung zu sehen. »Es wird weitergehen, auch wenn noch kein neues Ufer in Sicht ist!«

Im zweiten Traum spiegelt der blaue Himmel symbolisch die Hoffnung auf einen glücklichen, neuen Lebensabschnitt wider. Die Sicht ist klar geworden, das heißt, Anette setzt sich mit ihrer Situation auseinander, die innere Starre hat sich etwas gelöst. Noch weiß sie nicht, wohin der Schlittenhund sie führt, doch die Bewegung aus dem Traum lässt auf Fortschritte im Leben schließen. Der Hund ist hier als Sinnbild für ursprüngliche Lebenskraft oder Lebenswillen zu deuten.

Mehr als ein Jahr nach dem Tod des Ehemannes hat sich die emotionale Starre soweit gelöst, dass das Wasser im Traum wieder fließt. Die Erinnerung an den Schmerz ist durch die Eisschollen dargestellt, die ab und an noch die Träumende berührten.

Das letzte Traumgeschehen, fast zwei Jahre nach dem Unglücksfall, zeigt Anette in einer glücklichen Situation. Das Wasser ist nun warm und weich, das heißt, sie ist wieder im Kontakt mit ihren Emotionen. Die Zeit der Trauer und des Schmerzes hat ihrem Leben eine andere Bedeutung gegeben. Sie lebt bewusster, kleine Ärgernisse des Alltags sind weniger bedeutungsvoll. Sie weiß, dass es wichtig ist, im Moment zu leben, genießt es, ohne sorgenvolle Gedanken an die Zukunft einfach nur zu sein.

Bewusstes Träumen

In der modernen Psychologie werden Träume zum besseren Verständnis des Menschen herangezogen. Die Deutung der Traumsymbole gibt Aufschluss über die Persönlichkeit des Träumenden. Bevorstehende Veränderungen künden sich oft im Traum an, so dass sie für den Träumenden zu einer Vorbereitung auf die Zukunft werden können.

In der folgenden Beschreibung finden wir ein Beispiel für die aktive Lenkung des Traumgeschehens und wie wir die Kraft positiver Träume mit in den Alltag nehmen können:

"Ich hatte es geschafft, tatsächlich geschafft! Deutlich waren noch die Buchstaben vor meinen Augen, als ich erwachte. Es war mir möglich geworden, aus meinem Traumbewusstsein ein kleines Gedicht mit in das Wachbewusstsein zu nehmen – ein Geschenk meiner Traumkraft. Schon lange hatte ich versucht, etwas aus meinen Träumen zu erhalten und war jeden Abend mit dem Wunsch an meine Traumkraft eingeschlafen, mir etwas Kreatives zu schenken. Das kleine Gedicht war auf eine Karte geschrieben und daneben war ein Weihnachtsbaum gemalt. Er hing voller kleiner Geschenke. Symbolisch gesehen wurde mir das Gedicht überreicht, genauso, wie wir uns unter dem Weihnachtsbaum beschenken."

An dem Beispiel von Brigitte ist zu erkennen, wie wir unsere kreativen Möglichkeiten und unerkannten Fähigkeiten durch unsere Träume entdecken können. Doch nicht nur das ist möglich. Die Traumkontrolle, das heißt die Lenkung unserer Träume, ermöglicht uns, die Träume zu verändern, ihnen eine positive Gestalt zu geben. Der malaysische Stamm der Senoi richtet sein gesamtes Leben nach seinen Träumen aus. Schon Kinder lernen die Traumsprache und ihren Träumen einen positiven Inhalt zu geben. Für die Senoi sind Träume das Allerwichtigste und jedes Stam-mesmitglied erinnert sich an seine Träume. Die Traumbilder, Traummelodien oder Traumgegenstände werden in den Tag integriert. Die Erwachsenen helfen den Kindern, die im Traum gesehenen Dinge nachzubilden. Der erste Grundsatz, sich einer Gefahr zu stellen und sie zu bezwingen, ist die wichtigste Regel der Traumkontrolle bei den Senoi.

Auch wir werden positive Veränderungen in unserem Traum-erleben erfahren, wenn wir Traumgefahren auf diese Weise entgegentreten. Doch hierzu die Geschichte von Ronald:

„Mindestens einmal die Woche erwachte ich schweißgebadet, mit klopfendem Herzen und einer unheimlich großen Angst im Bauch, so dass ich dann nicht mehr einschlafen konnte – auch aus der Furcht heraus, der Traum könnte sich wieder-holen:

Ich gehe durch die schmalen Straßen einer alten Stadt. Meine Schritte hallen. Die Straßen sind leer und es ist dunkel. Plötzlich höre ich hinter mir ein Geräusch. Erschrocken drehe ich mich um und sehe, wie drei große Hunde mich verfolgen. Ich will schnell laufen, doch meine Füße bewegen sich kaum noch von der Stelle. Die Hunde kommen immer näher und ich spüre ihren Atem an meinem Gesicht, blicke in das große Maul eines Hundes. Bevor er zubeißt und mich zerfleischt, erwache ich voller Panik."

Selbst beim Erzählen des Traums spiegelt sich die Angst in seinem Gesicht wider. Als wir über den Traum sprechen, ergibt sich sehr schnell die Unfähigkeit des Träumenden, seine Wut insbesondere gegen seinen autoritären Vater, der ihn mit seinen 28 Jahren immer noch bevormundet, auszudrücken.
Ronald hat auch im Berufsleben Schwierigkeiten, seine eigene Meinung zu äußern und fühlt sich gegenüber seinen Vorgesetzten schwach. Die emotionalen Muster, die durch seine Erziehung geprägt wurden, spiegeln sich im Berufsleben wider. Die Hunde tauchen als Symbol unterdrückter Gefühle als Gefahrensymbol auf.

Ronald bekommt nun die Aufgabe, jeden Abend den Traum vor geschlossenen Augen auftauchen zu lassen und nicht mehr davonzulaufen, sondern sich umzudrehen und die Hunde zu fragen, was sie von ihm wollten. Da er im ersten Moment sehr erschrocken ist, üben wir gemeinsam. Noch kann er die Hunde nicht ansprechen, doch es gelingt ihm, einfach stehen zu bleiben und der Gefahr ins Auge zu blicken. Nach drei Wochen ruft er mich an und berichtet folgende Veränderungen:

„Jeden Abend habe ich mich im Wachbewusstsein erneut den schwarzen Hunden gestellt. Nach einer Woche hatte ich dann wieder den Albtraum, doch diesmal bin ich nicht mehr davongelaufen.

Als ich das Geräusch hinter meinem Rücken hörte, wurde mein Körper plötzlich groß. Er wuchs und mein Rücken war wie von einer unsichtbaren Kraft gestärkt. Nun hatte ich Lust zu kämpfen, sie sollten nur kommen, diese Hunde! Ich drehte mich um und schaute ihnen in die Augen, brüllte sie mit einer fürchterlichen Stimme an, so dass die Hunde den Schwanz einklemmten und ganz schnell wegliefen. Voller Freude tanzte ich mit einer großen Leichtigkeit auf der Straße, denn eine ganz zarte Musik erfüllte die Luft – es war, als ob ich schwebte. Meine Füße, die sich sonst aus Angst nicht von der Stelle bewegten, berührten kaum den Erdboden. Als ich aber die Füße anblickte, sah ich ein zusammengerolltes Blatt auf dem Boden liegen. Hatten die Hunde dieses mitgebracht? Ich hob das Blatt auf und rollte es auseinander. Eine wunderschöne Landschaft war darauf abgebildet. Der Mittelpunkt des Bildes war allerdings die Sonne, die mit ihrem Licht alles überstrahlte.

Mit einem Gefühl von Leichtigkeit und Wärme, das Landschaftsbild noch klar vor Augen, erwachte ich."

Als Belohnung für seine Traumarbeit hatte Ronald von seiner Traumkraft das Landschaftsbild erhalten. Er bekam nun die Aufgabe, dieses Bild zu malen, den Trauminhalt in das Tagesbewusstsein zu integrieren.

Die Albträume tauchten übrigens nicht wieder auf und Ronald erzählte ein halbes Jahr später, dass sein Verhältnis zum Vater und zu den Kollegen wesentlich besser geworden sei. Er habe das Gefühl, offener und klarer auf andere zugehen zu können. Sein neues Hobby sei nun die Aquarellmalerei geworden. Die intensive Auseinandersetzung mit Farben gebe ihm Ruhe und Kraft für den Alltag.

Traumgestalten sind nur so lange Feinde, wie wir uns als Träumende vor ihnen fürchten. Ist eine Traumgestalt bezwungen, sollten wir unbedingt ein Geschenk von dieser Gestalt mitnehmen – etwas, das unser Leben bereichert.

Die Auseinandersetzung im Wachbewusstsein mit den Angstträumen verändert diese, verändert auch das Leben im Alltag. Denken wir also daran, dass wir selbst den Verlauf unserer Träume steuern können und Bösewichte gar nicht erst eingeladen werden.

Der Glückstraum

Der moderne Mensch hat viel von der Sprache seiner Gefühle vergessen, solange er wach ist. Im Schlaf, in seinen Träumen spricht er diese Sprache noch. Es ist die gleiche Symbolik, die die Völker seit Jahrtausenden in ihren Märchen und Mythen wiedergeben. Die Symbolsprache der Träume ist die einzige Fremdsprache, die jeder von uns lernen sollte. Träume sind wichtige Stützen für unser Leben. Glücksträume sind ein Geschenk der Seele. Sie treten oft als Ausgleich für die im Alltag erlittenen Entbehrungen auf. Sie hinterlassen im Träumenden ein intensives Gefühl von Freude, Liebe und Glück, so dass dieser in Zeiten von Trauer, Schmerz oder Krankheit neuen Lebensmut fassen kann.

Der folgende Glückstraum gab der an einem Rückenleiden erkrankten 30-jährigen Eva Vertrauen und Zuversicht in der Zeit der Krankheit. Während sie mir diesen Traum erzählt, ist die Tiefe des Traumerlebens noch deutlich an ihrem Lächeln und ihren strahlenden Augen ablesbar:

„In einem Traum erwachte ich und das helle, wärmende Morgenlicht fiel in das Zimmer, in dem ich lag. Wohlig reckte ich meinen Körper, dehnte die Muskeln, um dann den Tag glücklich zu beginnen. Während sich meine Augen an das helle Licht gewöhnten, entdeckte ich, wie durch das geöffnete Fenster der Zweig eines

Apfelbaums in mein Schlafzimmer ragte. Er war in das Zimmer hineingewachsen. Der Zweig war kräftig, voller grüner Blätter und es hingen Äpfel an ihm, viele Äpfel, doch sie waren noch nicht reif. Da entdeckte ich, dass in dem Zweig zwei Vögel waren. Sie suchten sich ihre Nahrung und ließen sich durch mich überhaupt nicht stören. Sie strahlten viel Freude und Lebendigkeit aus. Nun stand ich auf. Die Wohnung war mir fremd. Als ich aus dem Fenster sah, blickte ich auf einen Teich, darauf schwamm ein Schwanenpaar, das in liebevoller Harmonie verbunden war.

Ein schönes Bild: Das klare, blaue Wasser mit den weißen Schwänen. Ich wusste, ich würde in diesem Wasser schwimmen. Voller Freude war ich nun bereit, den Tag zu beginnen. Doch erst einmal musste ich die Wohnung erkunden. Ich verließ den sonnigen Schlafraum und kam in ein Zimmer, in dem keine Möbel standen, doch das Fenster war geöffnet und es stand ein Mann davor. Sein Gesicht konnte ich nicht erkennen, spürte jedoch, dass wir uns freundlich gegenüberstanden. Doch er war noch nicht so wichtig. Ich blickte mich um und entdeckte eine verborgene Tür. Sie ließ sich leicht öffnen und ich gelangte in einen langen Flur, der strahlend weiß gestrichen war. Von diesem Flur gingen viele Türen ab. Ich öffnete einige, die Zimmer waren alle hell, aber leer. Voller Verwunderung über diese große Wohnung und voller Freude und Glück erwachte ich aus diesem Traum.“

Gemeinsam machten wir uns an die Deutung des Traums. Evas Lebenssituation war zur damaligen Zeit sehr schwierig. Sie lebte seit einem Jahr allein. Durch die Krankheit konnte sie ihrer täglichen Arbeit in einem Versicherungsbüro nicht nachgehen, fühlte sich isoliert und mutlos. So begann durch die Krankheit eine starke Auseinandersetzung mit der eigenen Persönlichkeit und mit ihren Träumen. Der beschriebene Traum gab ihr Trost, Mut und Kraft, die Phase der Krankheit zu über-stehen.

Das wärmende Licht der Sonne symbolisiert für sie Vitalität und Stärke. Es war, als würde dieses Licht schlafende Teile Evas Persönlichkeit erwecken und sie gesunden lassen. Die Sonne kennzeichnet im Traum stets produktive, schöpferische Energie, die künstlerische Ideen oder Bewusstseinsprozesse in Gang bringt.

Wohnung oder Haus zeigen die innere Welt der Träumenden. Eva kannte diese Wohnung – das heißt, ihre eigenen inneren Räume – noch nicht, war aber bereit, den Schlafbereich zu verlassen, um mutig die anderen Zimmer zu erkunden. Doch diese Räume waren noch leer. Schon im Traum war sie positiv

über die eigene Weite überrascht. Deutlich wurde durch das geöffnete Fenster ihre Offenheit für eine neue Beziehung symbolisiert. Eva war auch dem Mann, der vor dem geöffneten Fenster stand, freundlich gesinnt. Auch im Schlafzimmer, welches im Traum als Bereich der Sexualität gedeutet wird, sind Hinweise auf den Wunsch nach einer harmonischen Partner- und Mutterschaft zu finden.

Der Apfelbaum ist ein uraltes Fruchtbarkeitssymbol, doch in Evas Traum sind die Äpfel noch
nicht ganz reif. Sie selbst äußerte einen tiefen
Wunsch nach Schwangerschaft, war sich jedoch
auch darüber klar, dass sie auf Grund ihrer Erkrankung damit noch warten müsse.
Vögel im Traum werden mit geistigen Interessen
verbunden. Da der Zweig ins Schlafzimmer ragt,
ist in diesem Fall das Vogelpaar als erotisches
Symbol zu erklären.
Wasser gibt Hinweise auf die emotionale Natur
der Träumenden. Klares, ruhiges Wasser, wie
Eva es aus ihrem Traum schildert, zeigt ihre ge-
fühlsmäßige Wärme und Klarheit, womit sie
auch auf andere Menschen zugehen kann.
Das Schwanenpaar weist in der Symbolik auf
geistige Interessen und auf einen guten Kontakt
zur Welt hin. Das Gefühl von Lebensfreude
wirkte heilsam auf die Träumende.

Der Reichtum der Symbole öffnete Eva neue Lebensbereiche. Intuitiv hatte sie das große Geschenk ihrer Traumkraft begriffen, doch nach
dem Deutungsgespräch wurde ihr klar, wie viel
Reichtum noch in ihrer inneren Welt verborgen
liegt. Sie begann, sich mehr ihrem kreativen Potential zuzuwenden und formte wichtige Traumsymbole aus Ton. So entstanden künstlerische
Gegenstände, über deren Schönheit Eva selbst
überrascht war.

Da das Wasser sie stark angesprochen hatte,
ging sie regelmäßig zum Schwimmen. Diese

körperliche Aktivität wirkte sich positiv auf ihre Rückenschmerzen aus.
Durch ihre Träume hat Eva den Weg zu Gesundheit und Lebensfreude gefunden.

Die Logik des Traums

Im Traum sind wir frei, frei von der Last des Alltags, von den Zwängen der Umwelt – wir brauchen die Wirklichkeit nicht zu beobachten oder zu meistern. Wir richten unseren Blick nach innen und beschäftigen uns mit uns selbst. Während des Schlafs weist die seelische Tätigkeit eine andere Logik auf als im wachen Dasein. Im Traum fehlt nicht die Logik, aber es handelt sich um andere logische Gesetze, die jedoch in diesem Erlebniszustand völlig gültig sind. So kann der Träumende einen Freund, den er am Tag als Feigling erlebt hat, in einen Hasen verwandeln. Die schüchterne Träumerin kann als sinnlicher Vamp einen Ball besuchen. Im Traum sind uns keine Grenzen gesetzt. Welche Art von Botschaft uns die Träume auch bringen, wir sollten daran denken, dass sie etwas reflektieren, das uns im Alltag bewegt oder bedrückt.

Erlebnisse oder Eindrücke, die wir am Tag aufgenommen haben, aber aufgrund der Umstände oder um uns Unangenehmes zu ersparen, verdrängt haben, melden sich nachts im Traum, denn unsere inneren Helfer sind bemüht, uns den Weg durch das Leben zu weisen. In der der Seele eigenen Sprache zeigen sie Situationen klar oder schmerzhaft, decken Selbsttäuschungen auf und geben durch intensive Gefühle An-

stoß, die nächtlichen Geschehnisse zu überdenken.

Folgender Traum der 27-jährigen Babette schildert eine Situation aus ihrem Alltag als Verkäu-
ferin in einem Wäschegeschäft:

*„Es ist Nachmittag und der Laden voller Kun-
den. Ich bin bemüht, sie höflich und zuvorkom-
mend zu bedienen. Da kommt plötzlich mein
Chef herein. Er nimmt mich freundlich zur Seite
und spricht über meine Art, die Ware zu ver-
kaufen. Ich höre ihm zu, er wirkt nett.   Doch
plötzlich wachsen aus seinem Mund
Stacheln und beim Erwachen sehe ich noch die
Bewegung des »Igelmundes« vor mir."*

Babette berichtet von einem sehr unangeneh-
men Gefühl in der Magengegend, als sie erwachte. Der Traum hatte eine Situation vom
Vortag wiedergegeben. Der Chef hatte freundlich mit ihr über einige Verkaufstaktiken gesprochen. Dieses Gespräch wurde durch eine
hereinkommende Kundin unterbrochen. Babette hatte an dem Tag keine Zeit mehr, über das
Gespräch nachzudenken. Der Traum spiegelt
jedoch klar das Erleben wi-der. Sie erkannte im
Gespräch, dass, obwohl ihr Chef freund-lich ge-
wirkt hatte, seine Kritik an ihrer Art, mit den
Kunden umzugehen, sehr verletzend gewesen
war. Das unangenehme Gefühl war schon während des Gesprächs aufgetreten, doch aufgrund
der Umstände gleich wieder verdrängt worden,

denn lächelnd begrüßte sie die hereingekommene Kundin.

Nach diesem Traum begann Babette, die Worte ihres Chefs genauer anzuhören und nahm sich vor, bewusster durch den Tag zu gehen. Ihr wurde deutlich, dass sie mit diesem vermeintlich freundlichen Gespräch einer Selbsttäuschung erlegen war. Kritik konnte sie an dem arbeitsreichen Tag nicht gebrauchen und so schob sie alles Unangenehme schnell zur Seite.

Ein anderer Traum wurde mir von einer jungen Ehefrau erzählt. Sie lebt und arbeitet mit ihrem »dynamischen« Ehemann zusammen. Marianne ist eine ruhige, besonnene Frau. Während sie mir diesen Traum erzählt, lacht sie, denn gleich nach dem Erwachen hatte sie auch ihren Ehemann geweckt und ihm folgendes Traumerleben berichtet:

„Gemeinsam mit meinem Mann stehe ich auf dem Balkon unserer Wohnung. Plötzlich nimmt er mich, hält mich über die Brüstung und schüttelt meinen Körper. Doch das ist noch nicht genug. Er hat nun noch eine Tüte Pfeffer in der Hand und schüttet sie über meinen Rücken.“

Auch ich als Zuhörerin muss über diese ausgesprochen humorvolle Idee der Traumkraft schmunzeln.
Wer kennt nicht das Gefühl, jemanden schütteln zu wollen, wenn er nicht genauso schnell ist, wie man selbst? Mariannes Ehemann hatte

am Vortag eine Bemerkung über die umsichtige, vorsichtige und langsame Art seiner Frau gemacht. In ihrem Traum sieht Marianne diese Bemerkung als Bedrohung ihrer individuellen Persönlichkeit an, denn über die Brüstung eines Balkons gehalten zu werden, gleicht einem Tötungsversuch und dies deutet die Traumkraft sehr drastisch an.

Als nächste Möglichkeit, die Träumende aktiver werden zu lassen, spielte die Traumsprache noch den Pfeffer mit ein. Umgangssprachlich bekannt, muss das Pfefferstreuen (»Pfeffer in den Hintern streuen!«) nicht erklärt werden. Doch wie ist dieser Traum nun zu erklären? Ist es eine Warnung an Marianne, auch in der Ehe ihre Individualität zu bewahren oder zeigt das Traumgeschehen, dass der Gatte seine Frau dynamischer haben möchte?

Im Deutungsgespräch wird klar, dass Marianne eine Bedrohung durch die mangelnde Akzeptanz ihres Partners empfindet und so wurde dieser Traum Anlass zu einem klärenden Gespräch in ihrer noch jungen Ehe.

An diesem Beispiel ist zu sehen, dass Träume auch als Eheberatung hilfreiche Impulse in unser Leben fließen lassen, denn durch das Gespräch kann das Ehepaar die Beziehung überdenken, gegenseitige Standpunkte klären und womöglich einer Ehekrise Vorschub leisten.

Babette und Marianne lernten durch das Traumgeschehen, die Kraft ihrer inneren Helfer zu schätzen. Die Mahnungen der Traumkraft

wurden rechtzeitig wahrgenommen, da die Träumenden über die Wichtigkeit der inneren Bilder informiert waren. Durch Erinnerung und Notieren der Träume konnten die Hinweise mit in den Tag genommen werden. Die Beschäftigung mit den Träumen lässt die Individualität des Träumenden wachsen und reifen.
Nichts ist an unserem Dasein so stark beteiligt, wie unsere Träume. Immer meinen sie uns persönlich, spiegeln uns und unser Leben wider.

Traumarbeit, also die Auseinandersetzung mit den eigenen Träumen, ist ein königlicher Weg, das Unbewusste zu entdecken – was schon Sigmund Freud erkannte.

Durch Träume gesund bleiben

Die Sprache der Nacht ist für viele Menschen fremd, unverständlich, bezuglos, ja sogar schrecklich. Unser Tag umfasst 24 Stunden. Davon leben und erleben wir nicht nur während des von uns als Tag beschriebenen Zeitabschnitts, sondern auch während unser physischer Körper schläft. Tag und Nacht bilden eine Erfahrungseinheit, die aber nur teilweise bewusst erlebt wird. Erinnerungsfragmente aus unserer Traumwelt gelten als verwirrend, irrational und Angst auslösend. Dabei schützt uns die nächtliche Traumarbeit vor körperlichen und seelischen Erkrankungen.

Träumt ein Mensch im Schlaf, erkennt man dies an sichtbaren Augen- und Körperbewegungen. Untersuchungen in Traumlaboratorien ergaben bei Menschen, die immer wieder in den Traum-Schlaf-Phasen geweckt wurden, nervöse Störungen wie Gereiztheit, Halluzinationen und depressive Verstimmung. Nach spätestens sieben Nächten mit dauerndem Traumentzug erfolgte ein seelischer Zusammenbruch. Ohne lebensbedrohliche Gefährdung der Versuchspersonen lässt sich das Experiment also nicht fortsetzen.

Testpersonen, die in Tiefschlafphasen (in diesen wird nicht geträumt) geweckt wurden, zeigten keine körperlichen oder psychischen Veränderungen. Dem Schlafenden blieb die wichtige

Traumphase zur Verarbeitung seelischer Vorgänge erhalten. Die Tiefschlafphasen treten zwischen den einzelnen Traumphasen auf, der Schlafende weist während dessen keine Augenoder Körperbewegungen auf. Das körperliche Ausruhen im Schlaf und in den Träumen ist demnach zweierlei.

Träume helfen uns, gesund zu bleiben. In Lebenskrisen ist die Traumaktivität extrem gesteigert. Die Seele ist bemüht, uns Richtungen zu zeigen, weist auf Ängste hin und gibt die Chance, z.B. durch dramatisches Traumerleben, ein Problem bewusst werden zu lassen.
Dazu die Geschichte von Natascha, die 24-jährig während der Schwangerschaft mit ihrer Tochter an Gebärmutterhalskrebs erkrankte. Ihr Sohn war damals vier Jahre. Ihre Ehe beschrieb sie als unglücklich. Das Geschwür am Gebärmutterhals wurde während des dritten Schwangerschaftsmonats entfernt, was die Schwangerschaft glücklicherweise nicht beeinträchtigte: Sie bekam eine gesunde Tochter. Bald nach der Geburt begann Natascha wieder voll zu arbeiten. Wenige Jahre später trennte sie sich von ihrem Mann, war aber nun als Alleinerziehende mit ihren kleinen Kindern, Beruf und Haushalt stark belastet. Die Krebserkrankung hatte sich erneut gezeigt und so musste ihre Gebärmutter entfernt werden. An diesem Punkt veränderte Natascha ihre Lebensgewohnheiten. Die starke Raucherin gibt die Zigaretten auf, streicht Fleisch und Alkohol von ihrem Speiseplan, beschäftigt sich mit Vollwert-

kost, wendet sich spirituellen Themen zu, lernt Entspannungsübungen und autogenes Training. Die Auseinandersetzung mit ihrer Schattenseite lässt ein Verstehen und Begreifen der schweren Krankheit zu. Die Suche nach dem Sinn des Daseins bereichert ihr Leben. Zwölf Jahre sind seit der letzten Operation vergangen. Angstvoll erzählt sie folgenden Traum:

„Ich fühle Weltuntergangsstimmung, die Umgebung ist dunkel und die Atmosphäre deprimierend. Eisige Kälte kriecht in meinen Körper. Plötzlich sehe ich eine riesige Menschenmenge, die sich in eine Richtung bewegt. Die Menschen gehen nebeneinander, schweigend und traurig. Ich betrachte dieses schreckliche Schauspiel und weiß plötzlich, dass diese Menschenmassen auf der Flucht sind. Ein Flugzeug mit Atomfracht ist gerade in der Nähe abgestürzt. Doch die Menschen bewegen sich nicht in Panik, sie sind lethargisch. Ich weiß, dass es sinnlos ist zu flüchten, reihe mich in die Masse ein.“

Ein Traum, der Angst hervorruft. Als ich frage, was Natascha zurzeit bedrückt, erzählt sie, dass sie seit einem Vierteljahr wieder rauche. Eine Beziehungskrise habe sie in einen Spannungszustand versetzt und erneut zur Zigarette greifen lassen.
Sie fühle sich ihrem relativ gesunden Körper gegenüber schuldig, könne das Rauchen nicht genießen, aber auch nicht aufgeben.
Die Stimmung im Traum spiegelt Nataschas Unfähigkeit wider, das Rauchen aufzugeben –

aber auch ihre Angst, daran schwer zu erkranken. Das Flugzeug mit Atomfracht ist als Zigarette zu deuten, Luft und Körper sind auf eine gefährliche, explosive Weise bedroht. Im Traum möchte sie nicht zu den gefährdeten Menschen gehören, die ein Symbol für die große Anzahl Krebskranker unter den Rauchern unserer Gesellschaft darstellen, reiht sich aber doch ein, da sie keine andere Möglichkeit der Flucht sieht und glaubt, in ihrer derzeit schwierigen Situation das Rauchen nicht aufgeben zu können. Ihr Traum zeigt deutlich die Gefahr durch das Zigarettenrauchen. Das Angstgefühl ließ sie lange über den Traum nachdenken und übte so viel seelischen Druck aus, dass sie ihn mir erzählte. Ein Flugzeugabsturz im Traum ist immer ein Gefahrensignal, als Verstärker tritt in diesem Fall noch die Belastung durch radioaktive Verseuchung auf, die Strahlung, die, genau wie Zigarettenrauch, jede Zelle des Körpers belastet und schädigt.

Zwei Wochen nach diesem Traum, der ganz klar als Warnhinweis zu sehen ist, erkrankt Natascha an einer typischen Raucherkrankheit, einer schweren Bronchitis. Diese Erkrankung ist für sie der letzte Anstoß, das Rauchen aufzugeben, da sie sich der Verantwortung ihren Kindern gegenüber zutiefst bewusst wird und befürchtet, aufgrund ihrer Vorgeschichte noch schwerer erkranken zu können.

Wie wichtig Träume sind, sehen wir an diesem Beispiel. Wenn sie uns durch erschreckende

Bilder scheinbar Angstvolles symbolisieren, so haben auch erschütternde Träume heilende Wirkung.
Aber auch der Griff zur Schlaftablette ist insofern gefährlich, da die darin enthaltenen Wirkstoffe die wichtige Traumphase unterbindet, die uns hilft, gesund zu bleiben. Schlaflosigkeit, die oft in Lebenskrisen auftritt, verlangt eine Veränderung der Persönlichkeit, eine Veränderung des Lebens.

Bedeutende Erlebnisse im Traum

Jeder Mensch träumt – jede Nacht. Doch nur wenige erinnern sich und versuchen, den Sinn der Seelenbilder zu ergründen. Jeder, der um eine bewusste Gestaltung seines Lebens bemüht ist, wird auf seine Träume und deren Sinn als bedeutsame Mitteilung der Seele nicht verzichten wollen. Botschaften aus dem Reich unseres Unterbewusstseins versuchen jede Nacht aufs Neue, unsere Aufmerksamkeit zu erlangen. Eine Vielfalt von Träumen ermöglicht ein kostenloses Studium der Selbsterfahrung, der Selbsterkenntnis. Emotionale Höhen und Tiefen, Kontakt mit dem eigenen Schatten oder dem höheren Selbst bieten sich immer wieder an. Lenkend, tröstend, stärkend erweisen sich die Träume, wenn wir bereit sind, sie in unser tägliches Leben zu integrieren.

Tim, der Sinn und Bedeutung seines Daseins zu ergründen suchte, kam durch eine Hinwendung zu spirituellen Themen in Kontakt mit seinen Träumen. Lange Zeit stand Tim allen nicht erklär- oder begründbaren Seinsebenen ablehnend gegenüber. Alles musste Hand und Fuß haben. Astrologie, Yoga oder Meditation waren für ihn nur »Spökenkiekerkram«. Als sich seine Frau aber auf den Weg der Selbsterkenntnis begab, dadurch glücklicher und ausgeglichener wurde, wuchs seine Neugier auf andere, ihm fremde Denkweisen. Irgendwann begriff er in-

tuitiv die Notwendigkeit des gemeinsamen Wachstums in der Ehe und entschloss sich, zusammen mit seiner Frau einen Kurs »Kreatives Träumen« zu belegen.
Der erste Tag des Kurses galt dem Begreifen der Symbole und als nächtliche Hausaufgabe stand das Erinnern eines Traums auf dem Stundenplan. Am nächsten Morgen kam Tim strahlend ins Seminar und erzählte:

„Mit dem Gedanken an unsere Hausaufgabe war ich eingeschlafen. Mir war dann so, als würde ich halb-wach den Bildern zuschauen: Mein Körper verwandelte sich. Als kleine, zarte, weißgekleidete Primaballerina stehe ich vor einem langen, schmalen Weg. Rechts und links stehen blühende Apfelbäume. Auf Spitzenschuhen tanze ich diesen Weg entlang, glücklich, befreit, fröhlich wie ein Kind. Da entdecke ich, es ist, als würden meine Augen viel mehr sehen, kleine Wesen in den Bäumen. Sie sind so zart, haben schöne, aber auch weise Gesichter. Sie schützen die Bäume, sagen sie mir und winken, während ich wie auf einer Promenade meinen Weg entlang tanze. Nun komme ich an einen Glasberg – er ist groß und klar. Kleine Stufen, die in den Berg gemeißelt sind, führen meinen Weg nach oben. Der Himmel ist klar und blau, die Sonne lacht. Oben angekommen, blicke ich auf ein wunderschönes Schloss, dessen weiße Türme in den Himmel ragen. Doch bevor ich dieses Schloss betrete, muss noch eine Aufgabe gelöst werden. Vor dem Schloss, eingesperrt in einem weißen Gatter, lebt ein

weißes Einhorn. Die Augen des schönen Tieres betteln um Freiheit. Leicht lässt sich das Tor des Gatters öffnen, das Einhorn springt fröhlich heraus und begleitet mich auf meinem Weg zum Schloss. Ich öffne die Tür und gelange in einen Saal. Auf einem Thron sitzt ein alter, weiser Mann. Sein Antlitz strahlt so viel Liebe aus, ein Gefühl von Wärme durchflutet mich. In seinen Händen hält er eine goldene Kugel, die er mir als Geschenk überreicht. Wir haben kein Wort miteinander gesprochen, doch mir ist, als würden wir uns schon immer kennen. Ich gehe zurück, die goldene Kugel fest in meinen Händen. Das Einhorn an meiner Seite, verlasse ich das Schloss und erwache,
in meinen Händen ein Gefühl, als würde ich immer noch die Kugel halten."

Doch schauen wir uns die einzelnen Symbolbilder an: Die weiße Tänzerin ist Sinnbild für seinen weiblichen Seelenkern. Er wird lebendig durch die Auseinandersetzung mit sich selbst. Der Weg symbolisiert diesen Entwicklungsprozess und die blühenden Bäume zeigen, dass die innere Entwicklung blüht. Die Wesen in den Bäumen lassen Schutz und Führung aus geistigen Bereichen erkennen. Gefühle von Leichtigkeit und Freude, wie sie Tim sehr stark empfindet, sind oft ein Hinweis, dass nicht gelebte Persönlichkeitsteile erkannt und in die Gesamtpersönlichkeit integriert werden können. Doch sein Weg führt nicht nur auf der flachen Erde entlang. Er begibt sich in höhere Bereiche. Da der Berg wegen seiner oft bis in die Wolken ragenden Höhe Symbol der Verbindung zwischen Himmel und Erde ist, zeigt dieser Traum durch die Bergbesteigung einen geistigen Aufstieg. Der Glasberg, aufgrund seiner Klar- und Reinheit, ist ein Symbol für den spirituellen Bereich einer Welt, die jenseits der bewussten Wahrnehmung liegt. Im Traum oder auch in der Meditation haben wir Zugang zu dieser Welt. Das Einhorn steht für Intuition und erweiterte Wahrnehmung. Tim befreit dieses Tier und der Traum deutet damit auf die Öffnung spiritueller Kanäle hin. Im Schloss, einem Gebäude, das auf starke, geistige Kraft hin-weist, trifft Tim auf den alten Mann, Symbol für sein höheres Selbst, einer Person, die oft im Traum als Lehrer oder Helfer auftaucht. Solche Begegnungen sind meistens von einem starken Glücksgefühl begleitet.

Die geschenkte Kugel – als Ganzheitssymbol zu werten – weist auf eine Vereinigung von Gegensätzen und eine Vervollständigung in Richtung Ganzheit hin. Das kostbare Metall symbolisiert den Prozess der Bewusstseinserweiterung, denn Gold wurde in grauer Vorzeit für eine kosmische Botschaft der Götter gehalten. Ihr Vater war die Sonne, die geistige Kraft symbolisiert.

Damit endet Tims Traum, der, von der Tiefe der Symbolik ergriffen, zu verstehen beginnt, wie stark die nicht gelebten Teile seiner Persönlichkeit sein Leben verändert und bereichert. Am Anfang des neuen Weges stehend wurde ihm durch diesen Traum die Richtigkeit seiner Entscheidung gezeigt. Deutlich war auch die Information, dass jeder Schritt in diese Richtung unterstützt wird.

Ein altes indianisches Sprichwort lautet: *„Achte deines Bruders Träume!"* Wesen, Tiefe und Sinn der Traumgebilde haben schon immer die Menschen interessiert. Früher konsultierte man zur Traumdeutung Schamanen, Priester oder andere weise Männer. Heutzutage ist ihre Rolle von Psychotherapeuten übernommen worden, wobei jede Schule ihre eigene Theorie über die Bedeutung von Träumen entwickelt hat.

Doch wir alle träumen und die Vielfalt der nächtlichen Erlebnisse lässt sich kaum in theoretische Konzepte eingliedern. Träume, die im Rahmen einer Therapie auftreten, dienen auch als Hinweis an den Therapeuten, Zugang zur Seele seines Klienten zu finden und dienen der Verarbeitung von verdrängtem Material. Diese Bilder und Abenteuer geben Aufschluss über unser jetziges Leben, bereiten uns auf unsere Zukunft vor oder weisen auf Konflikte in zwischenmenschlichen Beziehungen hin. Das Erzählen eines Traums intensiviert die zwischenmenschlichen Beziehungen und kann für den Träumenden einen erlösenden Effekt besitzen. In Lebensphasen der Veränderung produziert unsere Seele ein intensives und deutliches Traumerleben, um uns auf die Verarbeitung der geforderten Entwicklung aufmerksam zu machen.

Dazu möchte ich die Lebensgeschichte einer Freundin erzählen: Maren wuchs zusammen mit ihrem Bruder in einer Kleinstadt auf. Die Eltern waren durch das gemeinsam geführte Geschäft stark beansprucht. Ihre im Haus wohnende Tante Elsa kümmerte sich um Maren. Es entwickelte sich eine tiefe, liebevolle Beziehung zwischen den beiden. Elsa war die Ersatzmutter für Maren. Diese Beziehung intensivierte sich im Laufe des Lebens, in dem beide Frauen mit schweren Verlusten von geliebten Menschen zu kämpfen hatten. Maren erkrankte mit 17 Jahren an Darmkrebs und Tuberkulose. Nach drei Jahren Krankenhaus- und Sanatorienaufenthalten wurde sie entlassen. Das Schicksal hatte ihrem Leben eine neue Richtung gewiesen und sie für die noch kommende Lebensspanne gezeichnet.

Elsa verlor im Krieg ihren Mann und später ihren einzigen Sohn an Tuberkulose. Ihr kleiner Enkel, den ihr verstorbener Sohn hinterließ, wuchs bei ihr auf. Mit 29 Jahren wurde dieser Opfer eines tragischen Unfalls.

Im selben Jahr verlor Maren ihre Mutter durch eine langwierige Krebserkrankung, ein Jahr später starb auch Marens Vater. Dieses Schicksal, gemischt mit Einsamkeit und Trauer, verband die beiden Frauen nur noch stärker. Der Altersunterschied war für die freundschaftliche Beziehung ohne Bedeutung. Für Maren war ihre Tante Elsa der einzige Mensch, der über ihre geliebten Eltern berichten konnte, die einzige Person, die den letzten Kontakt zu Elternhaus und Heimatort bot.

Aus beruflichen Gründen zog Maren nach Hamburg. Innerhalb von zwei Jahren verfiel ihre 89-jährige Tante körperlich immer mehr. Maren fuhr jedes Wochenende über 200 km, um die kranke Frau zu pflegen. Alle Urlaubs- und Feiertage verbrachte sie gemeinsam mit der alten Dame, die ihre Wohnung nicht mehr allein verlassen konnte. Zwei Jahre dauerte die Vorbereitung auf ihren Tod. Was für beide ein großer Wunsch war, traf ein: Maren war in der Todesstunde bei ihrer Tante. Zufrieden und erlöst schloss diese nach einem schicksalsschweren Leben für immer ihre Augen.

Folgende Träume erzählt Maren eine Woche nach der Beerdigung:

„Eine alte Kommode steht in einem Raum meines Elternhauses. Ich gehe hin und sehe, wie sich die Schubladen öffnen. In der ersten Schublade sitzt Elsa, lächelt mich an. Erschrocken schiebe ich die Schublade zu, denn ich weiß, Elsa ist tot. Doch wie magisch öffnet sich die nächste Schublade: Meine toten Eltern winken mir zu. Ich spüre, ich kann es nicht mehr ertragen, mache Feuer und zünde die Kommode an. Sie brennt lichterloh.

Ich erwache schweißgebadet mit dem Gefühl, als würde mein ganzer Körper brennen. Nach einiger Zeit kann ich wieder einschlafen. Ich beginne erneut zu träumen:

Es ist halbdunkel und ich gehe auf eine Brücke zu. Ich schaffe es noch, über die Brücke zu gehen, doch in dem Augenblick, in dem ich am anderen Ufer ankomme, stürzt sie hinter mir zusammen.

Als ich erwache, weiß ich, dass ich alles Alte zurückgelassen habe und jetzt ganz allein weiter durchs Leben gehen muss. Die Brücke symbolisiert für mich den Übergang, alle alten Verbindungen sind nun abgebrochen."

Auch der nächste Traum zeigt Marens Situation:

„Ich gehe auf den Friedhof, will das Grab meiner Eltern besuchen. Doch plötzlich beginnt die Erde zu beben. Ich weiß, gleich wird sie sich öffnen und mich verschlingen
und voller Angst erwache ich."

Durch den Tod ihrer Tante findet für Maren noch einmal eine starke Auseinandersetzung mit dem Tod ihrer Eltern statt. Der Schmerz um den Verlust der geliebten Menschen bringt sie an die Grenze ihrer Belastbarkeit. Zwei Jahre, die sie sich intensiv um ihre Tante gekümmert hat, haben ihr Leben stark eingeschränkt. Neben der tiefen Trauer empfindet sie aber auch ein Gefühl von Erlösung.

Doch die Traumarbeit ist noch nicht abgeschlossen. Der Traum mit der brennenden Kommode weist auf zerstörerische Energien hin. Maren will nicht mehr auf die Verstorbenen zurückblicken, die gleichzeitig wieder eine Erinnerung an die eigene schwere Krankheit sind.

Das brennende Körpergefühl beim Erwachen zeigt, dass Verlust und Trauer Seele und Körper von Maren an die Grenze dessen bringt, was noch zu ertragen ist.

Der Friedhofstraum, bei dem die Erde bebt, lässt sie die Angst vor ihrem eigenen Tod, dem sie in ihrer Jugend gerade noch einmal entfliehen konnte, erkennen.

Nach einer intensiven Phase der Trauer berichtet sie folgenden Traum, der deutlich eine Lösung anzeigt:

„Ich gehe auf den Friedhof, gieße ruhig und gelöst die Blumen auf Elsas Grab. Sie blühen in schönen Farben und mir ist so, als würden sie mir einen Gruß von Elsa bringen. Es geht ihr gut, das tröstet mich sehr.“

Dieser Freundin halfen ihre Träume, die innere Not zu erkennen, darüber zu sprechen und Abschied und Tod willkommen zu heißen.

Träume erschrecken

Träume sind nicht nur zufällige und flüchtige Spiegelungen unseres alltäglichen Lebens. Eine stille Entwicklung findet in unserer Seele statt. Fast unmerklich wandeln wir allmählich – Traum für Traum – im Dunkel der Nacht zu unserem Selbst, das wir Morgen sein werden. Einmal ernst genommen, zeigt sich die lebensgestaltende Kraft, Unausgegorenes auszugleichen, Schwierigkeiten zu erkennen, Vergangenes zu bewältigen und Zukünftiges zu erahnen. Jede Nacht wieder bietet uns unsere Seelenschicht tiefe innere Erfahrungen, die uns helfen können, den Weg zu uns selbst zu finden.

Meike sandte mir folgende Träume, die in Abständen von fünf Tagen entstanden und bei der Träumenden große Ängste auslösten. Der erste Traum erschien ihr sehr verworren, weshalb sie mich bat, ihr bei der Deutung behilflich zu sein:

„Auf der Straße traf ich meine Schwester Rita. Ich mochte sie sehr gern, obwohl viele Menschen behaupteten, sie wäre aus der Reihe geraten. Rita fragte mich teilnahmsvoll etwas. Wir sahen eine ältere Dame in das Nachbarhaus gehen. Wenig später erschien diese an einem Fenster und blickte durch die Gardine auf die Straße. Meine Schwester Rita war ganz gebannt, lief der Dame hinterher und verschwand im Hausflur. Ich wartete, doch Rita kam nicht

zurück. Als es mir zu lange dauerte, ging auch ich in das Haus zu dieser Frau. Die alte Dame war allein in der Wohnung, in der es sehr still war. Ich suchte Rita, doch ich fand sie nicht. Ich fragte die Frau, doch sie gab mir keine Antwort. Sie sagte während der ganzen Zeit kein einziges Wort. Ich fragte sie auch, ob Rita schon wieder gegangen sei, ob sie noch bei ihr weile – keine Antwort! Ich hatte Angst um Rita und so beschuldigte ich die Frau, Rita ermordet zu haben. Auch darauf kam keine Antwort. Im Raum stand eine Reisetasche und sie war offen. Ich geriet in Panik

und fragte die Frau, ob sie Rita ermordet, zerstückelt und in diese Tasche gepackt hätte. Die Frau stand etwas entfernt, sah die Tasche an, sah mich an und schwieg. Aber ich wollte dringend wissen, ob ihr etwas Böses geschehen war. Ich hing sehr an meiner Schwester, hatte aber Angst, in die Tasche zu sehen, Angst davor, es könne wahr sein, meine Schwester nie mehr lebend zu sehen. Schließlich suchte ich mit meiner Mutter in den Straßen etwas entfernt von dieser Wohnung. Meine Mutter machte den Eindruck, nicht daran interessiert zu sein, ihre Tochter wiederzufinden. Darüber war ich ärgerlich, enttäuscht und erstaunt zugleich."

Meike ist 42 Jahre alt, arbeitet als Fachlehrerin an einer Berufsschule und ist mit ihrer Arbeit zufrieden. Sie schildert in ihrem Brief die berufliche Situation als unproblematisch. Lediglich ihre künstlerischen Fähigkeiten – Malen und Gestalten – könne sie nicht ausleben. Als problematisch hingegen beschreibt sie ihre Beziehung zu Männern. Sobald eine Beziehung intensiver werde, blocke sie gefühlsmäßig ab. Immer sei sie es gewesen, die die Beziehungen gelöst habe. Vor einem Verhältnis zu einem Mann, den sie sehr mochte, sei sie vor gar nicht langer Zeit davongelaufen.

Der zweite Traum spricht deutlich diese Problematik an:

„Ich hatte eine Beziehung zu einem Mann. Die körperliche Nähe und seine Ausstrahlung taten mir sehr wohl. Dann verließ ich ihn jedoch und lief nach Hause in meine Wohnung. Es waren zwei ähnliche und unordentlich eingerichtete Zimmer. Irgendwo hatte sich dieser Mann versteckt, denn er wollte bei mir bleiben. Überall suchte ich nach diesem Mann und fand ihn schließlich in einem Schrank. Er musste sich ja verstecken, denn hätte ich ihn gefunden, hätte ich es nicht zugelassen, dass er bei mir bliebe. Ich war sehr aufgeregt und jagte ihn wütend aus meiner Wohnung. Anschließend rief ich die Polizei, damit sie meine Wohnung bewachen möge, sie sollte mich vor diesem Mann schützen."

Im ersten Traum steht die Schwester für eigene Persönlichkeitsteile von Meike, die sie sich selbst noch nicht auszuleben getraut. Möglicherweise geht es dabei um das künstlerisch-kreative Potential, welches noch zu entdecken ist.

Die ältere Frau symbolisiert eine Helferin, die diesen Traum inszeniert hat und durch ihr Schweigen zum Nachdenken auffordert.
Auch die Mutter, die kein Interesse zeigt, die verlorene Tochter wiederzufinden, symbolisiert einen Persönlichkeitsteil von Meike. Zwei Seiten also, die im Widerstreit liegen: der mütterliche Teil, der kein Interesse an der Ausbildung der ganzen Person hat, weil das mit Arbeit und Wachstumsschmerzen verbunden ist, und dann das höhere Selbst, weil es diesen jedoch nur für unser Gesellschaftssystem ausgefallenen Teil der Persönlichkeit liebt, ihn leben lassen möchte, denn Rita war nur verschwunden, aber nicht tot.

In Meikes zweitem Traum spiegelt sich eine tiefe Angst vor Nähe wider. Der Wunsch nach einer harmonischen Partnerschaft ist im ersten Traumteil dargestellt. Doch sie flüchtet aus dieser harmonischen Situation, läuft davon, um der Nähe des Mannes zu entkommen.
Das Verhältnis zu Männern wird durch die Vaterfigur geprägt. Deshalb sollte Meike die Beziehung zu ihrem Vater überdenken. Die Angst, tiefe Nähe und Liebe zuzulassen, hängt oft mit Verletzungen in der Kindheit zusammen. Manchmal ist diese Angst schon im Mutterleib entstanden oder durch Vorleben erklärbar.
Die Polizei als Schutzfunktion im Traum zeigt, dass Meike selbst Schutzmauern bzw. -mechanismen aufbaut, um vor der Liebe zu flüchten.

Für ihre Suche, die verschiedenen Persönlichkeitsteile in sich zu entdecken, steht Meike die
Traumkraft immer zur Verfügung, sobald sie
nach dem Weg fragt. Ihre Bemühungen werden
erfolgreich sein, denn da, wo die Angst ist, ist
auch der Weg zu uns selbst.
Hier sei insbesondere auf das Buch von Patricia
Garfield »Kreativ träumen« hingewiesen, das
sich sowohl an traumdeutende Anfänger als
auch Fortgeschrittene wendet.

Träume verbinden

Die zukunftsweisende Kraft der Träume wurde in der Menschheitsgeschichte schon immer hoch bewertet. Kaiser und Könige ließen sich von weisen Männern ihres Landes Träume deuten, besonders dann, wenn wichtige Entscheidungen oder Kriege anstanden. Die Bibelgeschichte erzählt von dem Traum des Pharao, der eines Nachts von sieben fetten und sieben mageren Kühen träumte. Ein weiterer Traum in derselben Nacht zeigte ihm sieben Paar volle Ähren und sieben Paar ausgedörrte Ähren als weiteren mahnenden Hinweis, denn durch diesen Traum konnte das ägyptische Volk vor der Hungersnot bewahrt werden. Besorgt ließ der Pharao den am Hofe lebenden Seher Josef holen, der den Traum richtig deutete. Der Pharao hielt sich an die Auslegung und bewahrte somit sein Volk vor großer Not. In den folgenden sieben fetten Jahren, die eine reichte Ernte brachten, sparte er Getreide, so dass in der Zeit der Dürre, durch die sieben mageren Kühe symbolisiert, das ägyptische Volk nicht hungern musste.

Träume, die so weit vorausschauend mahnen, sind durchaus üblich. Gerade in Zeiten der Not stellen sich besondere Traumgeschehen ein. Viele Frauen und Mütter haben in der Kriegszeit von ihren Männern oder Söhnen geträumt und

deren Leid, manchmal auch deren Tod ge-
schaut.

Doch auch in unserer Zeit bereiten uns unsere
Träume auf die Zukunft vor. Da die flüchtigen
Traumgebilde schnell vergessen werden, ist es
wichtig, ein Traumtagebuch zu führen. Blättert
man nach Wochen, Monaten oder Jahren diese
Bücher durch, wird man auf mehrere Träume
stoßen, die so oder ähnlich im täglichen Leben
wahr geworden sind.

Da ich selbst seit mehr als zehn Jahre meine
Träume notiere, möchte ich gern von einem Bei-
spiel aus meiner Anfangszeit berichten.
Damals waren für mich präkognitive Träume
noch etwas ganz Besonderes. Im Laufe meines
Traumstudiums wurde aber immer klarer, dass
vorausschauende Träume ganz natürlich zum
Inhalt der nächtlichen Erlebnisse gehören:

*„Ich gehe einen schmalen Flur entlang und ge-
lange in eine mir unbekannte Küche. Erstaunt
wende ich mich dem Fenster zu, denn Dünengras wächst in dieses Fenster hinein. Es
scheint, als würde das Fenster direkt in eine
andere Landschaft führen."*

Als ich erwachte, musste ich über diesen Traum
lachen und dachte noch: »So etwas gibt es doch
gar nicht!« Acht Wochen später fuhr ich in Ur-
laub nach Dänemark. Das Haus, das wir be-
wohnten, befand sich mitten in einer Düne. Als
ich es betrat, kam mir schon der schmale Flur

bekannt vor. Gebannt und erschrocken stand ich in der Küche: Das Bild aus meinem Traum! Dünengras wuchs genauso in das Küchenfenster hinein. Verzaubert ließ ich dieses schöne Bild voller Reinheit und Klarheit auf mich wirken. In seltener Harmonie ergänzte sich der blaue Fensterrahmen mit dem weißen Dünensand und dem zarten grünen Gras.
Die Urlaubswoche war angefüllt mit lebendigen Träumen. Aus einem wurde ich mitten in der Nacht geweckt. Wie hatte ich mich aufgeregt in diesem Traum! Das Gefühl war zu dem Geschehen unverhältnismäßig stark. Und so lag ich dann in meinem Bett, Ärger im Bauch und schrieb morgens um vier Uhr folgenden Traum in mein Buch:

„Marianne hat mich eingeladen. Sie ist eine gute Freundin. Ich freue mich, bei ihr sein zu können. Der Tisch ist schön gedeckt, Kerzen brennen, leise Musik spielt. Sie erzählt mir, dass sie ein Zimmer ihrer Wohnung vermieten möchte. Da klingelt es schon an der Tür und eine Interessentin kommt herein. Im Gespräch lernen die beiden sich näher kennen. Doch plötzlich, völlig aus dem Zusammenhang gerissen, packt die fremde
Frau Töpfe aus und fragt, ob sie sich wohl ihren Reis hier kochen könne, sie hätte keine andere Möglichkeit gehabt. Wenig später wirtschaftet die Fremde in der Küche herum."

Danach erwachte ich. Bemüht, den Traum für mich zu deuten, scheiterte ich. Ein Zusammen-

hang für mich und mein Leben erschloss sich
nicht. So ließ ich dann diesen Traum ohne Deutung in meinem Tagebuch zurück. Eine Woche
später, zurück in Hamburg, besuchte mich Marianne. Wir tauschten uns aus, denn wir hatten
uns lange nicht gesehen. Kurz bevor sie gehen
wollte, lächelte sie und sagte, sie müsse mir
noch eine merkwürdige Geschichte erzählen:
»Ich möchte ein Zimmer meiner Wohnung vermieten und habe eine Anzeige aufgegeben. Es
waren einige Interessenten da, darunter war eine Frau, die ich etwas komisch fand. Wie findest du das?«

Und nun folgte eine genaue Schilderung meines
Traums. Fassungslos schaute ich ihr ins Gesicht und gemeinsam sahen wir in meinem
Traumtagebuch nach. Der Traum war eine
Nacht vor dem tatsächlichen Erlebnis aufgetreten. Viele Kilometer entfernt, mehr als 24 Stunden vor dem tatsächlichen Geschehen, waren
die Bilder schon da gewesen. Erlebnisse, für die
es keine Erklärung gibt. Vielleicht hat die tiefe,
seelische Bindung zwischen uns beiden dieses
Traumerleben ausgelöst?

Träume heilen

Träume helfen, unser Leben zu überdenken, doch sie sind nicht nur mahnende Hinweise, bekommen wir doch auch durch unsere Träume und Hoffnungen vermittelt, wenn wir auf dem richtigen Pfad sind. Schon Paracelsus schrieb:

„Was der Traum zeigt, ist der Schatten dessen, was an Weisheit im Menschen vorhanden ist, selbst wenn er im Wachzustand nichts davon zu wissen vermag. Wir wissen nichts davon, weil wir unsere Zeit mit äußerlichen und vergänglichen Dingen vertrödeln und dem, was real ist, keine Aufmerksamkeit schenken."

Träume sind also nur eine andere Form der Realität, die genauso bedeutungsvoll ist, wie die Realität des Wachzustands. Nach intensivem Traum taucht wieder die Frage auf: Was ist denn nun eigentlich die Wirklichkeit, der Traum oder das im Wachzustand Erlebte?
Ein alter Text aus China beschreibt diese schwebende Ungewissheit zwischen Traum und Wirklichkeit auf sehr eindrucksvolle Weise:

„Einmal träumte ich, daß ich ein Schmetterling sei, hin- und hertaumelnd, wie es ein Schmetterling tut. In meinem Bewusstsein war ich ganz und gar ein Schmetterling und hatte keine Empfindung mehr für meine Existenz als Mensch. Plötzlich wachte ich auf, und da lag ich, wieder ich selbst. Und nun weiß ich nicht, ob ich ein Mensch gewesen war, der träumte, er sei ein Schmetterling, oder ob ich jetzt ein Schmetterling bin, der träumt, er sei ein Mensch."

Realität und Traum liegen häufig eng nebeneinander. Viele Menschen kennen das Gefühl der Orientierungslosigkeit beim Erwachen. Auch Emotionen, ob Freude oder Trauer, sind so intensiv, wie im wirklichen Leben.
Maria erzählte folgende zwei Träume, die sie aufgrund starker Emotionen nicht vergessen konnte:

„Inge, eine gute Freundin von mir, ist mit einem Farbigen verheiratet. Eines Tage kommt sie und bringt mir seinen Kopf, damit ich ihn reinigen kann. Das linke Auge ist voll weißem, festem, altem Eiter. Ich stelle ihn irgendwo in den Schrank, mit weißen Bettlaken verhüllt. Nach Tagen kommt Inge wieder. Sie nimmt den Kopf, klebt ihn wieder an, redet ganz lieb mit ihrem Mann und erweckt ihn zum Leben. Dann ruft sie mich. Das Licht in meinem Schlafzimmer brennt. Ein Vogel fliegt wie ein dunkler, aber nicht bedrohlicher Schatten durch die Luft. Ich bin erstaunt über diesen Vogel in meinem Schlafzimmer. Während ich ihn anschaue, verwandelt er sich in einen Hasen. Ich fange ihn und ziehe ihn an den Ohren. Und was macht der Hase? Mit seinen Knopfaugen schaut er mich an. Lachend erwidere ich seinen fragenden Blick und erwache."

Eine Nacht später folgt der nächste Traum:

„Ich sitze in einem Bus, eine Freundin sitzt neben mir. An der gegenüberliegenden Haltestelle steht eine Frau, sie trägt einen Mantel aus Hasenfell. Sie steht da, gerade, zart und sehr schön. Plötzlich kommt ein großer Bus. Er ist unachtsam, erfasst die Frau und schleudert sie durch die Luft. Sie fällt auf den harten Boden. Ich kann ihr nicht helfen, denn ich bin wie gelähmt vor Schmerz und Schreck. Doch meine Freundin springt heraus, es sind auch andere Menschen da, die helfen. Sie helfen der Frau beim Aufstehen und begleiten sie zu unserem Bus. Äußerlich ist ihr nichts anzusehen, doch sie muss innere Verletzungen haben. Dann sehe ich, wie der Mantel etwas zurückrutscht. Die linke Hand ist abgebrochen, alter, weißer Eiter hat sich dort festgesetzt.

Das Entsetzen über diesen schrecklichen Unfall ist beim Erwachen noch stark spürbar.“
Als wir über diese Träume sprechen, erwähnt Maria eine Situation, die eine Woche vor dem ersten Traum aufgetreten war. Auf einer Familienfeier wurde sie auf die schon lange zurückliegende Scheidung von ihrem Mann angesprochen. Es waren oberflächliche Gespräche und sie fühlte sich bei dem Treffen sehr unwohl, wollte aber die Feier nicht verlassen, um den Gastgeber nicht zu verletzen.

Während unserer gemeinsamen Traumdeutung erkannte sie, dass sie selbst der farbige Ehemann gewesen war, ein Ausländer, symbolisch dargestellt durch die dunkle Hautfarbe.
Der Kopf bedurfte einer Reinigung, das linke Auge, das die emotionale Seite der Träumenden symbolisiert, war vereitert. Die Entzündung war alt und so war der Kopf zur Reinigung gebracht worden.
Dass Maria ihn mit Bettlaken (ein intimes Wäschestück) verhüllt und in einen Schrank stellt, zeigt die Verdrängung alter Schmerzen. Doch mit sehr viel Liebe kann der Kopf wieder an den Körper gelangen. Der Ehemann der Freundin, die Träumende selbst, erwacht zu neuem Leben.
Der im Schlafzimmer dargestellte Vogel ist ebenfalls ein geistiges Symbol. Die Trauer hat sich gelöst und wandelt sich in einen Hasen, der in der Symbolsprache ein Sinnbild für Auferstehung ist.

In diesem Traum erkennt Maria den alten Schmerz über die Trennung von ihrem Ehemann, der durch das Gespräch über die Scheidung ausgelöst wurde. In der Auseinandersetzung mit dem Schmerz kann ein Heilungsprozess, der durch das Lachen angedeutet wurde, beginnen.

Doch der zweite Traum zeigt, dass die Verletzung, die der sehr empfindsamen Frau bei dem Gespräch zugefügt wurde, noch nicht ganz geheilt ist. Die Frau trägt den Mantel aus Hasen-

fell. Sie drückt dadurch ihre Weichheit aus. Doch die anderen, durch den unbedachten Busfahrer dargestellt, nehmen dies
nicht wahr. Sie verletzen die Frau, wie es der Traum deutlich darstellt. Aber es sind auch Helfer da. Sie ist nicht allein.
Doch auch in diesem Traum ist die linke Körperseite verletzt. Eine Verletzung an der linken Hand wird durch diesen Unfall sichtbar gemacht.

Für Maria beginnt eine Zeit, in der sie die alten Wunden reinigen und heilen lassen kann. Ihre Träume machten ihr deutlich, dass der alte Schmerz angeschaut werden muss und nun heilen kann. Der Heilungsprozess begann durch das Lachen, das eine Hinwendung zum Positiven erkennen lässt und die Träumende ein Stück mehr dem Heilsein entgegen bringt.

Träume weisen den Weg

Träume sind Gedanken des Herzens. Sie erinnern uns jede Nacht wieder an unseren Lebensweg, klopfen deutlich und klar an Türen, die wir gern verschlossen halten. Denn manchmal fällt es schwer, Veränderungen in unser Leben zu lassen. Wir halten an Lebensgewohnheiten fest, an Arbeit, an Beziehungen, was sicher gut so ist. Doch manchmal halten wir auch fest, wenn uns diese Dinge unglücklich, vielleicht sogar krank machen.
Wie Regulatoren greifen die nächtlichen Traumgeschehen in unser Leben ein. Erst melden sie sich leise, zögernd, unmerklich, doch wenn wir unsere Ohren vor der mahnenden Stimme verschließen, werden sie deutlicher, rufen lauter, drängen sich mehr und mehr auf. Schweißgebadet, zitternd, geplagt von tiefen Gefühlen und kräftigem Herzjagen finden wir uns dann im Bett sitzend wieder.

„Ich hatte einen Albtraum!", wie oft haben wir wohl diesen Ausspruch gehört. Der Aufschrei der Seele, die verzweifelt versucht, in das Bewusstsein des Träumenden zu gelangen, wird aber leider oftmals betäubt. Alkohol und Schlaftabletten sind nur zwei Traumtöter, die auf lange Sicht die Sprache der Seele, die Gedanken des Herzens zum Absterben bringen. Der letzte Aufschrei wird erstickt, die Schlaflosigkeit durch künstlich hervorgerufenen Schlaf besiegt.

Erschöpft bleiben die Traumbilder im Unbewussten verborgen.

Michael, ein Freund meiner Familie, erzählte mir folgende Träume, die ihm halfen, sein Leben zu verändern. Der erste Traum wiederholte sich häufiger und erschien ihm wenig bedrohlich:

„Ich gehe einen langen, schmalen Weg entlang. Neben mir geht eine Frau, sie ist sehr freundlich. Wir unterhalten uns und gehen ein Stück des Weges gemeinsam.
Langsam führt dieser Weg immer weiter bergauf. Plötzlich kommen wir an einen kleinen Abhang. Die Frau springt hinunter, winkt mir zu, ich solle ihr folgen. Doch ich habe keine Lust zu springen, gehe meinen Weg zurück."

Acht Wochen lang taucht immer wieder dieser Traum auf, an den sich Michael gut erinnert. Dann verändern sich die Traumbilder, werden drängender, aufdringlicher, fordernder:

„Wieder gehe ich diesen Weg entlang, diesmal allein. Es ist halb dunkel. Der Abhang ist da, erscheint mir bedrohlich und tief. Eine laute Stimme ruft »Spring!« und davon erwache ich."

Auch dieser Traum wiederholt sich häufiger. Michael beginnt, über sich und sein Leben nachzudenken. Zwischen diesen mittlerweile Angst machenden Träumen gibt es auch andere:

„Nachdem ich den Weg allein gegangen bin, stehe ich am Abhang. Wie ein Kind rutsche ich unbekümmert und voller Freude den Berg hinunter. Ich lache laut und befreit.
Mit einem angenehmen Kribbeln im Bauch vor Aufregung und dem Gefühl völliger Befreiung erwache ich.“

Angst gemischt mit Freude – so könnte der Traum gedeutet werden. Aber Michael versteht seine Träume noch nicht, kann ihren Rat nicht verstehen. Sie aber geben keine Ruhe mehr, klopfen jede Nacht wieder – und jetzt drängender – an die Tür zum Wachbewusstsein.

„Ich gehe den Weg zum Abhang. Es ist fast dunkel, ich stehe vor dem Abhang, traue mich nicht, der drängenden Stimme, die »Spring!« ruft, zu folgen. Da bekomme ich einen Stoß. Schwitzend, ängstlich und mit Herzjagen erwache ich aus diesen Träumen.“

Danach entschließt sich Michael, seine Träume zu erzählen. Wir sprechen über seine derzeitige Lebenssituation.
Michael ist 32 Jahre alt und lebt mit seiner Frau zusammen. Die Beziehung erlebt er als sehr beglückend, er ergänzt sich mit ihr sehr gut. Während er mir dies erzählt, strahlen seine Augen, sein Atem geht tiefer und ich spüre, dass die Beziehung nicht der Auslöser für diese Albträume sein kann. Wir sprechen über seine berufliche Situation. Das Strahlen in seinen Augen verschwindet, seine Stimme wird brüchig

und schon sprudelt es aus ihm heraus. Vor drei Jahren habe er seinen Meister gemacht und könne eigentlich viel mehr leisten, als im Betrieb von ihm gefordert würde. Seine Frustration ist ihm deutlich ins Gesicht geschrieben. Lange spricht er über seine Wünsche und Vorstellungen. Eigentlich möchte er sich gern selbständig machen, Umgang mit Menschen läge ihm schon immer. Er würde gern eigene Möbelstücke auf Anforderungen seiner Kunden anfertigen – nicht nur nach Vorschrift arbeiten wollen. Als hätte er seiner eigenen Stimme zugehört, stockt plötzlich sein Redefluss. Erstaunt blicken seine Augen auf mich, als er sagt: „Jetzt weiß ich, wo ich springen soll!"

Gemeinsam wägen wir Vor- und Nachteile einer selbständigen Tätigkeit ab. Seine Frau verdient genug, um den Lebensunterhalt zu finanzieren. Einem Kredit bei der Bank als Startfinanzierung steht nichts im Wege. Es fehlt nur noch der Mut – und den hatte Michael. Wie er mir später erzählte, war es ihm schon bei unserem Gespräch klar geworden, dass er kündigen würde. Die in den vergangenen Wochen jede Nacht aufgetretenen quälenden Albträume hörten schlagartig auf.
So wurde ihm gezeigt, dass seine Entscheidung richtig gewesen war. Michaels Lebensweg war an einem Punkt angekommen, der eine Veränderung verlangte, damit seine Persönlichkeit weiter wachsen konnte. Im Traum wurde dies als Abhang dargestellt. Seine Seele rief durch die Träume laut und drängend: »Spring, wage

diesen Schritt in die Freiheit, es wird gut!« so,
wie das Gefühl von Befreiung und das Lachen
im Traum, als er den Berg hinunterrutschte,
ihm Kraft und Zuversicht geben wollten. Viele
kleine Zufälligkeiten ebneten ihm den Weg
in eine selbständige Tätigkeit, die er voller
Freude und mit viel Geschick ausführte.
Michael ist mittlerweile ein glücklicher, strah-
lender Mann, der mitten im Leben steht und die
Menschen seiner Umgebung durch seine Ausstrahlung und sein Können fasziniert.

Reinkarnationserlebnisse helfen uns, Sinn und Aufgabe für dieses Leben zu verstehen. Auch, wenn sie nicht durch Reinkarnationstherapie bewusst herbeigeführt wurden, so gibt unsere Seele durch Träume, therapeutische Arbeit oder im halb wachen Zustand Stationen aus früheren Leben frei. Spontane Reinkarnationserlebnisse sind immer als starke Selbstheilungsprozesse für die Gesamtpersönlichkeit des Individuums zu werten.

Beschwerden im Brustkorb hatten Martina zu mir geführt. Sie berichtete auch von Ängsten, die ihr im täglichen Leben Schwierigkeiten machten, sich offen und spontan zu äußern. Immer, wenn sie in Gruppen oder in Auseinandersetzungen mit Angehörigen ihre Ansichten darlegen wollte, setzte die Beklemmung im Brustbereich ein. So zog sie sich in sich zurück.

Auf der Behandlungsliege brachten die ersten tiefen Atemzüge unter Anleitung eine deutliche Entspannung. Sanfte Massage an der Brustmuskulatur löste eine Flut von Tränen aus. Offener und entspannter verließ Martina nach ihrer ersten Behandlung die Praxis und berichtete am nächsten Tag folgenden Traum, der sie mitten in der Nacht hatte erwachen lassen. Bilder und Gefühle waren sehr klar, auch die körperli-

chen Empfindungen hatte sie sehr intensiv
wahrgenommen:

„*Hexe! Hexe!*, *drang noch das Grölen der Menge an meine Ohren, als das kühle Wasser sich über meinem zerbrochenen Körper schloss. Ich spürte den Strick um meinen Hals, der mir den Atem nahm. Das raue Seil schmerzte, der daran befestigte Stein drückte meinen Brustkorb zusammen, nahm mir die letzte Kraft. Sie hatten mich zum Fluss vor die Stadt hinausgetragen, nachdem mein Körper wehrlos, zerbrochen und durch die Folter widerstandslos geworden war.*
Hexe! Hexe!, hallte das Rufen in meinen Ohren, bevor die unendliche Ruhe des Todes Erlösung brachte. In mir pulsierte der Gedanke: Ich habe doch nichts Böses getan.
Und dann im Übergang zum Tode fühlte meine Seele nur noch Vergebung und Liebe für die Menschen, die mich nicht verstehen konnten, die mich vernichten mussten, um ihr Leben weiterleben zu können. Denn ich hatte anders gelebt, so gelebt, wie die alten, weisen Frauen es mich gelehrt hatten. Abseits des Dorfes fühlte ich mich aufgehoben. Eingegeben im Rhythmus von Sonne und Mond, die Kraft der Erde spürend und nutzend, die Unendlichkeit des Himmels preisend lebte ich in meiner Mitte, Gesetze und Heilkräfte der Natur erforschend, in Meditation und Stille Gott dienend, kosmischen Gesetzen folgend – doch nicht der kirchlichen Macht.

Martina war erschrocken und gleichzeitig tief
beglückt über diesen Traum. Das Gefühl der
völligen Erlösung und Befreiung, wie sie es im
Tod erlebt hatte, hielt noch lange an.
Ich erklärte ihr, dass während einer Körpertherapie eine starke Aktivierung der Traumkraft
völlig normal sei. Traumatische Erlebnisse aus
diesem oder früheren Leben und die damit verbundenen, nicht gelebten Gefühle sind in unserem Unterbewusstsein gespeichert und da die
Verbindung Köper-Geist-Seele nicht trennbar
ist, finden sich diese Emotionen auch in unserem Körper als Muskelverspannungen oder
Muskelpanzer wieder. Die Arbeit am Körper ist
somit Arbeit an der Gesamtpersönlichkeit und
kann alte Ängste und deren Ursachen deutlich
werden lassen.
Bei Martina waren diese Ängste sehr alt und sie
selbst erkannte sich in diesem Traum als eine
junge Frau, die ihrer inneren Stimme und alten
Naturgesetzen folgend lebte. Schmerz, Ablehnung und Folter standen jedoch am Ende des

Weges und die Entwicklung in diesem Leben zeigte deutlich die tiefe Angst von Martina, Gefühle offen und spontan zu äußern.
Durch Körper- und Traumarbeit kam sie in Kontakt mit den verschütteten Erfahrungen und kann nun bewusst im täglichen Leben an dieser Angst arbeiten.
Wie so oft im therapeutischen Geschehen war die Seele bereit, helfend und heilend den Weg zur Entwicklung der eigenen Individualität zu weisen.

Träume, die uns erwachen lassen, sei es am Morgen oder mitten in der Nacht, haben eine ganz besonders wichtige Botschaft zu überbringen. Nicht selten wird der Träumer durch ein Rufen oder einen Ruck geweckt, damit die wichtige Nachricht aus dem Unterbewusstsein nicht verloren geht.

An diesem Beispiel ist zu erkennen, wie liebevoll die inneren Kräfte arbeiten. Das erschreckende Erlebnis der Folter wurde mit einem intensiven Gefühl von Befreiung und Erlösung beendet, so dass genügend Kraft und Mut für die Auseinandersetzung mit dem Schmerz vorhanden ist, um den Selbstheilungsprozess in Fluss zu bringen.

Allgemeines zu Tramsymbolen

Ein Symbol ist ein Seelenbild, das wussten die Menschen seit Anbeginn der Zeit – unsere Seele kann nur in Bildern zu uns sprechen. Sinnbildlich versuchen die unbewussten Kräfte unserer Seele, uns Botschaften als Orientierungshilfe für den Lebenslernprozess zu senden. Jedes menschliche Wesen wird durch verschiedene Lebensthemen wie Liebe, Glück, Schmerz oder Leid von den Schicksalskräften zum Erwachen oder zur Selbsterkenntnis aufgerufen.

In früheren Zeitepochen begaben sich die Menschen während bestimmter Rituale in einen Heilungsschlaf, um über Träume Botschaften von einer höheren Wirklichkeit zu empfangen, um die Aufgaben ihres Lebens zu erkennen und zu verstehen.
Ein Symbol ist also eine Beschreibung, zum Beispiel die eines Gegenstandes, der stets eine noch tiefere sinnbildliche Bedeutung für eine Person oder eine Gruppe hat.

Geprägt wurde die Bezeichnung »Symbol« durch die Menschheitsseele über Tausende von Jahren, so dass ein intuitives Verstehen von Symbolen möglich ist.
So wie ein Kind die Muttersprache lernt, ist es für Traumstudenten erforderlich, die Symbolsprache in ihren Vokabeln zu studieren, weil

dann das intuitive Verstehen schneller erfolgen kann.

Im Alltag benutzen wir die Symbolsprache häufiger als uns bewusst ist. Das Verschenken einer Rose beispielsweise wird deutlich dem Ausdruck von Zuneigung gleichgesetzt. Würden wir eine Distel verschenken, dann drückten wir über diese Pflanze etwas ganz anderes aus. Schon ihr Name weckt in uns ganz andere Assoziationen als der Name der Rose.

Lorbeer, ebenso eine Pflanze, die wir zum Kochen verwenden, ist gleichzeitig ein Sinnbild von Sieg und Ruhm, weil in alten
Zeiten die Sieger mit Lorbeerkränzen geschmückt wurden. Lorbeer wird aber auch in der Heilkunde eingesetzt. Bei Hochzeiten ist er Sinnbild für Treue und Beständigkeit und bei Geburtstagen älterer Menschen finden wir als Tischdekoration den Lorbeer als Schmuck, symbolisch ausgedrückt als Ehre für das gelebte Leben.
Jedes Symbol sollte assoziativ betrachtet werden, weil es in jedem Lebens- oder Kulturkreis eine andere Bedeutung haben kann. Lorbeer kann also im Traum einen Hinweis geben, dass in der Lebensspeise (-weise) eine gewisse Würze fehlt, oder aber ein Belohnungssymbol der unbewussten Kräfte sein, wenn wir eine Lebensaufgabe oder einen Entwicklungsprozess mit Bravour gemeistert haben.

Ein Ring ist ein Symbol für Beständigkeit, Treue und Ewigkeit. Er kann aber auch einengen oder, wenn er um die Brust gespannt wurde, die Luft zum Atmen nehmen. So betrachtet kann er Hinweise auf eine einengende Beziehung geben.

Ein Hase, bekannt als schüchternes, ängstliches Tier, kann einerseits einen Charakterzug sinnbildlich darstellen, an dem wir Teile unseres Selbst erkennen, oder ein Symbol von Sinnlichkeit (weiches Fell) oder Sexualität darstellen. Da wir aber auch den Osterhasen, der die Eier bringt, als Symbol der Neugeburt, des Erwachens der Natur betrachten, kann sein Erscheinen im Traum sinnbildlich auch in diese Richtung weisen.

Ein Haus – sinnbildlich als Seelenhaus betrachtet – kann ein Ort von Schutz und Sicherheit sein. Steht es in Flammen, deutet es auf einen anstehenden Transformationsprozess hin. Dieser kann innerlich stattfinden, aber auch durch äußere Veränderungen, wie Trennungen oder Abschiede, symbolisch dargestellt werden.

Archetypischen Symbolen begegnen wir ebenso in unserem Traumstudium.
Archetypen sind Ursymbole, die sich langsam von Generation zu Generation, von Volk zu Volk, von Kulturkreis zu Kulturkreis weiter vererbt haben und noch heute lebendig sind.
Die weise alte Frau kann im Traum als Lehrerin oder Helferin auftauchen und uns Hinweise geben, die bei der Erfüllung unserer Lebensaufgabe wichtig sind. Erscheinungen, wie ein alter,

weiser Mann, Magier oder Zauberer, haben ähnliche Bedeutung.

Als Beispiel sei hier noch das Kreuz genannt, ein uraltes Zauber- und Heilzeichen, das lange schon vor Jesus Christus eine große Symbolkraft besaß und den Menschen unter anderem den Lebensweg als Entscheidungsweg deutete.
Eine Wegkreuzung im Traum weist in der Regel auf Veränderungen im Leben hin – wobei die letzte große Veränderung im Leben natürlich der Tod ist – wieder versinnbildlicht als Kreuz auf den Gräbern unserer Verstorbenen.

Aber auch andere archetypische Symbole, sei es die Höhle, der Baum, die Quelle, der tiefe Brunnen, der Acker, der Garten, der Fels, das Pferd sind archetypische Symbole und in jedem Kulturkreis zu finden.

Es scheint, als wären die Menschen weltweit in allen Kulturen mit den gleichen Themen des Lebens konfrontiert, denn in allen schläft die Kraft der Urseele, die in jedem Leben erneut zu Wachstum und Reifung herausgefordert werden möchte.

Acht als Zahl kann verschiedene Bedeutungen haben. Sie wird als Ganzheit und Vollständigkeitssymbol gedeutet. In meinen Träumen war sie allerdings eher ein Hinweis darauf, »achtsam« zu sein oder »acht zu geben«. Auch wenn die Uhr im Traum auf Acht stand, war es für mich ein Warntraum, in einer bestimmten Lebenssituation besonders achtsam zu sein. Es kann also durchaus als Achtungssignal gedeutet werden.

Acker: Das Bild eines Ackers im Traum kann Hinweis auf den Lebensurgrund oder Wandlungsprozess sein. Ein frisch gepflügter Acker deutet auf eine neue Lebensphase hin, dass eine fruchtbare Phase beginnen kann. Wird ein Traumtagebuch geführt, kann man über Monate/Jahre erkennen, dass sich dieser Acker immer wieder meldet. Wenn etwas auf fruchtbaren Boden gefallen ist, wird man im Zuge der Traumsprache sehen, dass auf dem Acker etwas wächst, dass etwas ins Blühen kommt, dass etwas Frucht trägt, was auf den Seelenboden, also Seelenacker, gefallen ist. Erinnern sollten wir uns immer wieder, dass die Sprache der Seele ganz einfach ist, ohne jede intellektuelle Logik.

Affe kann einerseits unsere tierischen Anteile symbolisieren, andererseits darauf hinweisen, dass wir uns nicht zum Affen machen lassen sollen. Wir können den Affen also symbolisch als Mahnung verstehen, dass wir uns in einer bestimmten Lebenssituation nicht genügend durchsetzen. Wichtig dabei ist, was der Affe im Traum macht. So kann er auf eine sexuelle Handlung hindeuten oder sich auf eine sexuelle Problematik beziehen.

Alter (weiser Mann) oder **Alte** (weise Frau), die uns im Traum begegnen, können uns in jenen Bereichen des Lebens unterrichten, in dem wir noch zu lernen haben. Der alte weise Mann kann Lehrer und Heiler sein. Andererseits kann das Alter darauf hinweisen, dass wir uns in bestimmten Lebenssituationen wie ein alter Mensch benehmen, mit zu viel Starrheit und Unverträglichkeit im Leben stehen.

Amputation: Wenn im Traum Arme, Hände oder Beine abgeschlagen werden, kann es sein, dass wir uns bestimmte Handlungen verbieten oder bestimmte Gefühle, die uns zu Handlungen aufrufen, abgespalten werden. Sollte ein Bein oder ein Fuß fehlen, weist uns der Traum liebevoll oder auch erschreckend darauf hin, dass wir uns in bestimmten Lebenssituationen weigern, einen Schritt nach vorne zu tun.

Anker bedeutet für Schiffe ein Halt. Er ist Symbol der Hoffnung und Sinnbild der Beständigkeit und Treue. Wenn wir häufiger von einem Anker träumen, kann er uns daran erinnern, dass wir angekommen sind, wir uns im Leben verankert, unseren Platz in dieser Welt gefunden haben. Geht der Anker verloren, kann dies auch bedeuten, dass uns das Leben zu neuen Ufern aufruft und wir den Anker lichten müssen.

Apfel erinnert in der Symbolik sogleich an Verführung. Die Geschichte von Adam und Eva deutet auf den Sündenfall hin. Doch letztendlich kann der Apfel verschiedene symbolische Bedeutungen haben und beispielsweise auf eine gesündere Ernährung hin-

weisen. Denken wir nur an den Spruch: »An apple a
day keeps the doctor away!« Es kann auch bedeuten,
dass wir uns mehr den lustvollen Seiten des Lebens
zuwenden sollten, denn der Apfel ist ein uraltes
Fruchtbarkeitssymbol. Wichtig dabei ist wiederum
zu schauen, ob es sich um unreife oder reife Äpfel
handelt, um süße oder saure. Für die etwas Älteren
unter uns kann der Apfel auch geistige Fruchtbarkeit bedeuten.

Arzt kann genauso bedeutsam sein, wie der weise
Alte und uns warnen, in bestimmten Lebensbereichen auf unsere körperliche wie seelische Gesundheit zu achten. Manchmal stellt sich über den Arzt
im Traum eine magische Heilung ein.

Auge wird als Spiegel der Seele betrachtet. Das Auge
ist unser Wahrnehmungsorgan, das uns helfen will,
die Wahrheit zu erblicken. Es ist also ein Bewusst-
seinsorgan. Eine Behinderung unserer Sehfähigkeit
im Traum deutet auf eine gewisse Scheu hin, die
Wahrheit in bestimmten Lebensbereichen zu sehen.
Etwas erscheint vielleicht verschleiert, wir haben
keinen klaren Blick, keinen Durchblick oder können
jemanden, der uns im Alltag verletzt hat, nicht ob-
jektiv betrachten.

Auto heißt in der Symbolsprache auch *Selbst*. Wir
kennen den Begriff Autodidakt, der einen Menschen
bezeichnet, der sich selbst etwas beibringt. Heutzutage können wir ein Auto im Traum als unser Le-
bensfahrzeug verstehen. Positiv zu werten ist, wenn
wir selbst am Steuer sitzen und uns gewissermaßen
aus eigener Kraft mit dem Auto durch unser Leben
bewegen. Sitzen wir auf dem Beifahrersitz, haben
wir zu viel unserer Verantwortung an andere abge-
geben. Der Traum will uns unsere Aufgabe zeigen,

eigenständiger im Leben zu sein. Hierbei erscheint mir wichtig, zwischen einem Kabriolett oder einem kaputten Auto zu differenzieren, was uns während der Fahrt passiert, ob wir stecken bleiben usw. Grundsätzlich symbolisiert die Autofahrt ein Stück unserer persönlichen Lebensreise.

Bad ist ein Ort der Reinigung, Erneuerung und Wiedergeburt. Ein verschmutztes Bad oder eine verschmutzte Toilette weisen darauf hin, dass wir bestimmte Entwicklungen noch nicht vollendet haben, wir noch nicht sauber sind und mit den Themen der Menschlichkeit nicht sauber umgehen: Wir kommen zu spät, wir verletzen andere Menschen, wir haben kein richtiges Selbstbild, sondern laufen vielleicht unserem Opferimage hinterher. Ein verschmutztes Bad kann uns also einen Hinweis geben, unser Selbstbild etwas genauer zu überprüfen.

Bart steht symbolisch für Tapferkeit und Stärke. Wir finden ihn auch als Symbol, etwas zu verdecken. Wächst einer Frau im Traum ein Bart, deutet dies auf männliche Persönlichkeitsmerkmale hin, die sich vielleicht zu stark entwickelt haben. Aber grundsätzlich kann der Bart als reife Männlichkeit gewertet werden. Helden, Könige und Götter wurden in alter Zeit bärtig dargestellt.

Baum ist ein Symbol des Menschen. Zur Geburt eines Kindes wurde in früheren Zeiten ein Baum gepflanzt, dessen Entwicklung mit der Entwicklung des menschlichen Wesens gleichgestellt wurde. Die Wurzeln tief in der Erde verwachsen, versucht der Baum, mit seinen Zweigen in den Himmel zu wachsen. Ein Baum bietet Schatten und den Tieren Nahrung und Heimat. Ein Baum, der blüht und wächst, kann ein Symbol für die innere Entwicklung eines

Menschen sein, dass er sich in höhere geistige Seins- oder Entwicklungsstufen hineinentwickelt hat. Ein verkrüppelter Baum ist stets als Gefahrensignal zu deuten. Bäume, die reichliche Früchte tragen, symbolisieren
Zeiten des Glücks, dass der Träumende mit einer reichen Ernte belohnt wird. Bäume stehen auch für Wunscherfüllung.

Berg kann uns darauf hinweisen, dass ein Problem zurzeit viel Raum in unserem Leben einnimmt. Es wirkt wie der mühsame Aufstieg in höhere Bewusstseinsebenen. Manchmal müssen wir auf dem Weg zur Bergspitze verweilen, Kraft sammeln, um dann weiter hinauf zum Berggipfel zu gelangen, wo das Problem in Himmelsnähe als aufgelöst erklärt oder verstanden wird.

Besen: Auch hier können wir die Analogien des Alltags zu Hilfe nehmen, um das Symbol des Besens zu verstehen. Etwas in unserem Seelenhaus muss ausgekehrt, gereinigt werden. Schon in alter Zeit galt der Besen als zauberkräftig und symbolhaltig. Nicht umsonst sind die Hexen auf einem Besen davon geritten. Auch Harry Potter bewegt sich mit seinem Zauberbesen durch die Phantasiewelt unserer Kinder. Sehen wir auf einem Besen reitende Hexen durch unsere Träume geistern, kann diese sehr erotische Bedeutung auch Sehnsucht nach einer leidenschaftlicheren Sexualität bedeuten. Die Redensarten »Jeder kehre vor seiner eigenen Tür!« oder »Neue Besen kehren gut!« können in die Reinigungsaspekte des Besens eingereiht werden.

Biene ist eines der ältesten Tiere auf unserem Planeten, das einen Bezug zur Befruchtung hat. Es kann als sexuelles Symbol aber auch auf großen Fleiß

hinweisen. Mit Honig, dem Produkt der Biene, süßen
wir nicht nur unsere Speisen, sondern verwenden
ihn auch zur Herstellung von Heilmitteln und Kerzen. Er wurde den Göttern geopfert und in Ägypten
zur Mumifizierung von Leichen verwendet. Bienen im
Traum können auf Eifersucht hinweisen oder deutlich machen, dass wir unserer Intuition nicht mehr
folgen können. Die Biene folgt nämlich immer ihrer
inneren Stimme, dem inneren Ruf des Universums,
sobald die Sonne die ersten Strahlen auf die Erde
schickt. Bei Jugendlichen kann die Biene im Traum
oder aber die Bedrohung der Biene im Traum als er-
wachende Sexualität verstanden werden.

Blindheit: Wenn wir im Traum nicht mehr sehen
können, ist dies als Symbol der Unwissenheit und
möglicherweise auch der Verblendung zu betrachten,
dass wir uns weigern, irgendwo im Leben die Wahrheit
erblicken zu wollen. Blindheit im Traum kann als
Gefahrensignal oder Warnung interpretiert werden.

Blitz wird oft symbolisch als übernatürliche Macht
verstanden. Im Traum kann er uns darauf hinweisen, irgendwo in unserem Leben eine notwendige
Veränderung einzuleiten, andernfalls diese Veränderung wie ein Blitz in unseren Alltag einschlagen
kann. Hier ist ein warnender Hinweis gemeint, dass
wichtige Veränderungen anstehen.

Blume: Ein Sprichwort besagt: »Sag es durch die
Blume!« und so können wir Blumen im Traum als
Gefühle des Träumers deuten. Auch unter Liebes-
paaren ist im Alltagsgebrauch eine Blumensprache
durchaus ein Verständigungssymbol. In der Analogie
zum menschlichen Leben können wir den Kreislauf
der Vegetation dem Wachsen, Knospen, Aufblühen,

Verblühen und Verwelken der Blume im Sinnbild auf unser Leben verstehen. Aber auch in uns wohnende Fähigkeiten wollen wachsen, aufblühen und der Welt mit ihrem Duft geschenkt sein. Träumen wir von Blumen, sollten wir unsere persönliche Erinnerung befragen, was uns die Blumen in unserer momentanen Situation sagen wollen, denn eine Rose bedeutet z.B. etwas ganz anderes als eine Kornblume, eine Lilie oder ein stacheliger Kaktus.

Blut ist der Sitz der Seele. Wir alle kennen das Ritual der Blutsbrüderschaft. Goethe lässt Mephisto seinen Pakt mit Dr. Faust per Blutstropfen besiegeln, denn »Blut ist ein ganz besonderer Saft!« Es hat eine gewisse magische Kraft. Wenn es im Traum also blutig zugeht, z.B. in der Symbolsprache von Blutverlust, dann verlieren wir womöglich zu viel Kraft in einer Lebenssituation und unsere Seele möchte uns warnen. Blutverlust kann einen Liebes- oder Kraftverlust signalisieren, aber auch ein Heilungsritual sein, wenn uns Blut zugeführt wird, das uns neue Kraft und neues Leben schenkt.

Bomben im Traum sind, genau wie in der Realität, immer ein ernst einzustufendes Symbol. Umgangssprachlich bekannt ist beispielsweise »Das hat wie eine Bombe eingeschlagen!« oder »Es fühlt sich an, als wäre eine Bombe explodiert!« Bomben können auf Schockerlebnisse hinweisen, die noch unverarbeitet sind und sich jetzt melden.

Boot kann ein Symbol für Abenteuerlust, Erkundungsdrang und die »Fahrt über das Meer des Lebens« sein. Veränderungen im Leben können durch ein Boot oder Schiff symbolisiert werden, das aus dem Hafen abfährt. Träume können uns auch hier auf anstehende Veränderungen hinweisen. Auch

»Auf zu neuen Ufern!« ist ein deutlicher Hinweis unserer Traumkraft.

Brot steht symbolisch für Lebensspeise. Wie ist unser Lebensbrot beschaffen? Sind wir schon zum Lebensbrot geworden, das sich an die Menschen verschenkt?

Brücke bedeutet eine Übergangszeit. Über eine Brücke gehen heißt, dass wir uns von einer Lebensphase entfernen und in eine andere gehen. Zeiten des Wandels, Zeiten, in denen wir eine vergangene Lebenssituation verlassen müssen, sind oft schmerzvoll und mit Ängsten besetzt. Sie plagen uns, da wir diese Brücke vielleicht als unsicheres Wegstück erleben, wenn z.B. das Geländer fehlt, die Brücke noch gar nicht am anderen Ufer befestigt ist oder sogar beim Gehen unter unseren Füßen zusammenbricht. Kummer, aber auch Veränderungen, die wir nicht wirklich wollen, können in Albträumen ausgedrückt sein, in denen wir den Weg über die Brücke gehen sollen.

Burg ist ein Seelenhaus, in das wir uns verbarrikadiert haben. Wir leben nicht mehr in einem Haus, das von anderen Menschen gut erreichbar ist, sondern wo wir uns in unsere emotionale Burg zurückgezogen haben und uns aufgrund von emotionalem Schmerz dem Leben und den Beziehungen mit anderen Menschen verweigern. In solchen Träumen ist die Burg ein Signal, uns aus unserer emotionalen Vermauerung zu lösen. Diese Burg ist wie eine Festung, die wir uns um unseren verletzen Seelenkern gebaut haben.

Centaur (s.a. Chiron) ist ein Wesen halb Mensch, halb Tier. Er deutet auf eine Auseinandersetzung mit den tierischen, also sexuellen, und triebhaften Seiten unserer Person hin.

Chaos im Traum verweist darauf, dass wir in unserem Leben für Ordnung sorgen müssen. In der Antike war das Chaos Sinnbild für den Zustand der Welt vor Entstehung alles Seienden. So kann das Chaos im Traum ebenfalls auf eine Erneuerungsquelle im Leben hinweisen.

Chiron wird in der alternativen Medizin als verwundeter Heiler betrachtet. Er wurde als Centauer geboren und von seiner Mutter verstoßen. Dies kann im Traum ein Hinweis sein, sich noch einmal der eigenen Mutter-Kind-Beziehung zu widmen oder sich damit auseinanderzusetzen.

Christbaum, schön geschmückt, hat als Symbol für Wunscherfüllung eine sehr positive, beglückende Bedeutung. Ist er jedoch ungeschmückt oder sieht krank aus, drückt er eher eine Warnung aus.

Christus ist ein Symbol der Liebe. Zeigt er sich im Traum, kann er uns einen Hinweis geben, dass wir der Liebe in unserem Leben mehr Aufmerksamkeit geben sollen.

Daumen ist ein Finger der Hand, der ihr erst die volle Greiffähigkeit ermöglicht. Dem Alltagssprachgebrauch nach können wir »Den Daumen draufhalten« symbolisch mit Macht und Ohnmacht in Verbindung bringen.

Delfin ist ein intelligentes, sehr menschenfreundliches Tier des Wassers, das in Griechenland dem Lichtgott Apollo zugeordnet wird. Der Delfin gilt als

Seelenführer, der die Seelen Verstorbener sicher ins Reich der Toten bringt.

Diamant ist ein Symbol absoluter Reinheit und Klarheit. Heutzutage hält er das Wertesystem unserer Gesellschaft aufrecht. Er kann auch durchaus Geld für käufliche Liebe symbolisieren.

Disteln im Traum können eine äußerst schmerzhafte Lebensphase andeuten. Diese stachelige Pflanze wurde in der christlichen Kunst für die Leiden Jesu und der Märtyrer symbolisiert. Da die Stacheln aber auch Feinde zurückweisen, kann die Distel ebenso Schutz bedeuten.

Donner begleitet den Blitz und bringt Unwetter. In der Traumkraft taucht der Donner als Hinweis auf, dass etwas in unserem Leben erschüttert werden soll, dass irgendwo der Donner einschlagen muss, damit wir aufwachen, unser Leben ganz und gar leben und auf eingeschlafenen Lebenssituationen ein lebendiges, kreatives Dasein errichten.
Dorn ist ein Hinweis auf seelisch erlittene Schmerzen. Hier sollten wir schauen, ob wir irgendwo im Alltag einer Verletzung ausgewichen sind, indem wir die dazu gehörenden Gefühle einfach verdrängt haben.

Drachen versinnbildlicht tiefe, innere Kämpfe zwischen dem Urtier im Menschen und dem Bestreben, menschliche Eigenschaften zu entwickeln. Sie weisen im Traum darauf hin, dass wir uns mit den Urkräften des Menschseins, dem Lebenskampf auseinandersetzen müssen, der Ichwerdung und den repressiven Kräften des Unbewussten.

Edelsteine im Traum weisen meistens auf innere seelische Schätze hin, deren wir uns nicht bewusst sind. Sie können aber auch auf innere Kräfte verweisen, die wir nach außen zu entwickeln haben.

Efeu als immergrüne Pflanze ist Sinnbild der Unsterblichkeit. Treue und Freundschaft leben in ihr, weshalb sie bei Hochzeiten dem Brautpaar überreicht wird, als Dekoration in der Kirche oder beim Hochzeitsmahl zu sehen ist. In der Antike war Efeu ein Sinnbild der Sinnlichkeit und spielte in den Dionysos- oder Bacchus-Kulten eine bedeutende Rolle.

Ei als keimendes Leben ist ein weit verbreitetes Symbol für Fruchtbarkeit, Auferstehung oder Neugeburt. Im Weltenei, das als Sinnbild der Totalität aller schöpferischen Kräfte verstanden wird, finden wir den Anfang der Welt ausgedrückt. Es gibt die immer währende Frage, wer zuerst war: das Huhn oder das Ei. Bis heute haben wir darauf keine Antwort gefunden. Auch das Osterfest, bei dem das Osterei eine große Rolle spielt, ist ein heidnisches Frühlingsfest, an dem wir Fruchtbarkeit und Auferstehung feiern.

Elefant ist ein Reittier der Herrscher und Symbol der Macht, Weisheit, des Friedens und des Glücks. Ganeesha (Elefantengott) ist populärer Sohn des Gottes Shiva, der in der indischen Religion eine besondere Rolle spielt und als Symbol des Glücks verehrt wird.

Ernte im Traum kann uns daran erinnern, dass wir uns durch eine wichtige Entwicklungsphase gerungen haben und nun das, was wir im Innersten haben wachsen lassen, auch im Alltag als Ernte erfahren dürfen.

Esel zeigt uns widersprüchliche Symboldeutungen. Einerseits besitzt er einen starken Trotz, andererseits symbolisiert er Sanftheit und Demut. Auch hier ist genaues Betrachten nötig, wo in unserem Leben wir uns wie ein störrischer Esel benehmen oder wo wir uns zu sehr abeseln.

Eule ist die Königin der Nacht. Als Nachtvogel liegt ihre Bedeutung in tief unbewussten Kräften, die bearbeitet werden sollen. Sie ist auch Symbol der Weisheit und Athene zugeordnet, der griechischen Göttin der Wissenschaften. In der religiösen Mythologie gilt sie als Symbol von Christus als das Licht, das die Finsternis erhellt. In früheren Kulturen wurde sie als Totenvogel verstanden, als Unheimliches und Unglück bringendes Vorzeichen.

Exkremente im Traum spielen eine Rolle in wichtigen Entwicklungsphasen. Wir setzen uns mit einem Problem auseinander, wir arbeiten es aus, um es dann verdaut nach außen zu geben. Exkremente dienen auch in heutigen Kulturen als Dünger. Sie sollten im Zusammenhang mit den übrigen Traumbildern bewertet werden. Wenn wir beispielsweise im Traum das Bad mit Exkrementen verschmiert haben, haben wir den seelischen Prozess der Läuterung nicht sauber abgeschlossen. Landen sie sicher in der Toilette oder düngen den Acker, ist die Entwicklung in eine positive Richtung zu werten.

Fackel ist eine Form des Feuers, die uns in dunklen Tagen des Lebens den Weg weisen kann. Sie wird verstanden als Symbol der Reinigung und Erleuchtung und ist bei Initiationsriten gebräuchlich. Beispielsweise wird eine Fackel entzündet, um das Olympische Feuer an den Ort der Spiele zu bringen.

Die Fackel kann also auch eine Rolle der Fruchtbarkeit spielen.

Faden kann auf eine sich lösende Verbindung hinweisen, wenn er reißt. Aber er kann auch eine Verbindung symbolisieren.

Falke ist ein göttliches Symboltier des Sonnengottes Re. Der Gott Horus nimmt in der ägyptischen Mythologie die Gestalt eines Falkens an. Er ist Freund der Menschen, Beschützer der Kinder, Helfer in vielen Lebenslagen und Hoffnungsträger, der Licht in die Dunkelheit des Lebens bringt.

Fels wird als Symbol für Festigkeit, Unveränderlichkeit, Stärke und Treue verstanden. Andererseits kann es sein, dass der Felsen unseren Lebensweg blockiert und damit auf bestimmte Probleme hinweist, die wir erst wegräumen müssen, um weiterzukommen.

Fenster zeigen Empfänglichkeit und Offenheit für die von außen kommenden Menschen, Einflüsse oder Erfahrungen. Hat unser Haus im Traum große Fenster, können wir davon ausgehen, dass unsere Seele mit den Menschen der Umgebung offen in Kontakt ist. Sind allerdings Fenster und Türen vermauert oder mit Holz zugehämmert, ist dies ein Warnhinweis auf unseren selbst gewählten Rückzug, weil wir mit zu viel Schmerz konfrontiert wurden.

Feuer: Die Bedeutung des Feuers im Traum richtet sich danach, wie es erscheint. Ist es ein zerstörendes Feuer, dass das Haus, in dem wir leben, oder das des Nachbarn verbrennt, verweist es oft auf Wandlungsphasen, denen wir schicksalhaft ausgeliefert sind. Ein Lagerfeuer oder wärmendes Feuer zeigt die beschützende und wärmende Kraft des Lebens an. Ein zerstörerisches Feuer kann auf zu viel Leidenschaft oder Eifersucht in unserem Leben hinweisen, Symbol von Zorn und Wut sein oder als Höllenfeuer verstanden werden.

Fisch ist ein Tier, das im Wasser lebt, also im unbewussten Bereich. Er ist ein Symbol der Fruchtbarkeit und eines der ältesten Geheimsymbole für Christen. Als Seelentier kann er Themen aus der Tiefe unserer Seele in unser Bewusstsein bringen. Ein großer mächtiger Fisch wird ganz anders gedeutet als ein Goldfisch, der in einem kleinen Glasbehälter gefangen ist.

Flügel deuten darauf hin, dass wir uns der Sichtweise der normalen Körperlichkeit entheben, uns aus der Erdenschwere emporheben und Probleme aus einer anderen Ebene betrachten können.

Fluss: Der Lebensfluss wird oft als Fluss des Wassers dargestellt, der sich der Dynamik des Lebens anpasst. Ein reißender Fluss deutet darauf hin, dass wir in einer Lebensphase sind, die leidenschaftlich oder voller Veränderungen ist. Ein ausgetrocknetes Flussbett gibt Hinweis, dass unsere Gefühle nicht mehr lebendig sind. Sollte der Fluss vereist sein, zeigt es, dass wir in einer emotional sehr armen Zeit leben.

Garten symbolisiert einen Lebensraum für Fruchtbarkeit und Wachstum. Der Garten ist ein sehr persönlicher Bereich, der in früheren Zeiten zu jedem Haus gehörte. Wie die Erde, hat auch er im Traum die wichtige Bedeutung des Wachstums, der Fruchtbarkeit, der Ernährung und Erneuerung. Die symbolische Bedeutung ist am Aussehen des Gartens zu erkennen. Ordentlich gepflegte Beete und gesunde Pflanzen bedeuten eine positive Entwicklung, vertrocknete Pflanzen sind als Warnhinweis zu sehen.

Geburt: Der Vorgang der Geburt im Traum weist auf Veränderung und eventuell auf einen Neubeginn im Leben des Träumenden hin. Der Eintritt in neue Lebens- oder Bewusstseinsbereiche kann bei Mann und Frau durch eine Geburt dargestellt werden.

Gefängnis als Handlungsort im Traum steht häufig für Lebenssituationen, in denen wir uns eingesperrt oder eingeengt fühlen. Es kann aber auch als Hinweis auf eine geistige oder seelische Einengung gemeint sein, ein Fingerzeig, unsere vielleicht starre oder begrenzte Bewusstseinsvorstellung zu überdenken und etwas in der eigenen Lebens- und Denkweise zu verändern.

Geld, Geldstück oder Geldschein repräsentieren einen gewissen Wert für den Besitzer. Je nach Trauminhalt kann es sich hier um geistige oder emotionale Werte handeln.

Gold darf als kosmische Botschaft der Götter gedeutet werden. Es ist ein Traumsymbol von sehr positiver Bedeutung. Da dieses Edelmetall allen Natureinflüssen widersteht und in der Erde vergraben auch über Jahrtausende seinen Glanz behält, wurde es ein Symbol der Unsterblichkeit und des höchsten Wertes. Goldfunde oder Goldgeschenke im Traum haben die Bedeutung des Gewinns von Erkenntnis und Bewusstseinserweiterung.

Grab als Stätte der Ruhe kann den Abschluss einer Lebenssituation andeuten. Es kann aber auch ein Hinweis sein, dass der Träumende einen Streit, eine

Vorstellung oder eine Idee begraben muss, damit er danach für andere Aufgaben frei wird und sich diesem Neuen ausreichend widmen kann.

Grün als Farbe kann die Hoffnung symbolisieren. In der Natur zeigt das frische Grün ein Werden, aber noch keine Reife an. Grünes Licht ist häufig ein Hinweis, dass der Träumende in einem Lebensbereich nun mutig voranschreiten kann, denn alle Wege sind ihm offen.

Gürtel: Der erste Gürtel, von dem die Bibel spricht, ist der Gürtel aus Feigenblättern, mit dem Adam und Eva ihre Scham bedecken. Da der Gürtel eine bindende und festigende Funktion hat, ist er auch als Symbol der Kraft, Macht und Treue (Keuschheitsgürtel) zu sehen.

Haare, lang und weiß, gelten als Symbol für Kraft und Weisheit. Bei fast allen Völkern wurde dem Haar eine magische Bedeutung beigemessen. Der Symbolgehalt der Haare ist vieldeutig. Langes Haar kann auf eine starke geistige Kraft hinweisen. Bei einer Frau kann es Symbol der Weiblichkeit, bei einem Mann Symbol von Freiheit sein. Körperbehaarung unterstreicht die triebhaften Instinkte und kann auf sexuelle Trauminhalte hinweisen. Der Verlust von Haaren kann mangelnde Lebensvitalität anzeigen.

Hafen symbolisiert, ähnlich dem Bahnhof, eine Zwischenstation im Leben und kann anzeigen, dass wir uns zu neuen Lebensbereichen aufmachen oder »vor Anker gehen« sollen.

Hahn ist sinnbildlich als Künder der Wachsamkeit zu sehen. Durch seinen starken Fortpflanzungstrieb wurde der Hahn zu einem Fruchtbarkeitssymbol und der männlichen Sexualität zugeordnet. Wegen seiner

Streitlust kann er, je nach Trauminhalt, auch mit der Eigenschaft von Mut und Kühnheit in Verbindung gebracht werden.

Hand: Unsere Hände sind im Alltag die Werkzeuge des Handelns. Diese Symboldeutung kommt ihnen auch in der Traumsprache zu. Geben und Nehmen, Streicheln und Schlagen sind nur kurze Anmerkungen, um die Bedeutung der Hand im Traumgeschehen verstehen zu können.

Hase: Da der Hase sich außerordentlich rasch vermehrt, gilt er als Fruchtbarkeitssymbol. Je nach Trauminhalt kann er auch als Sinnbild für Scheu, Angst und Feigheit gesehen werden.

Haus stellt in der Traumsprache den Träumenden dar, gemeint ist das Seelengehäuse. So gibt es mittelalterliche Bilddarstellungen, in denen der Mensch in Gestalt eines Hauses abgebildet ist. Der Keller ist der Bereich des Unbewussten, die Küche der Raum des Weiblich-Mütterlichen, in welchem die psychische Nahrung zubereitet wird. Der Schlafraum ist der Ort des ehelichen Sexualbereiches, das Badezimmer hat mit seelischen Reinigungsprozessen zu tun. Die oberen Stockwerke zeigen den Bereich der Verstandesfähigkeit. Der Dachboden ist der Ort vergessener oder verdrängter Probleme. Eingestürzte oder zerstörte Häuser sind als Warnsignal zu deuten. Der Bau eines Hauses oder Renovierungsarbeiten weisen auf positive Veränderungen der Persönlichkeit hin.

Herz ist d a s Symbol für Liebe und Lebensenergie. Sprichwörtlich ist das kalte oder verschlossene Herz im Traum zu finden. Herzschmerzen im Traum oder ein Herz aus Stein sind als Aufforderung der Traum-

kraft zu werten, uns mehr unserem Herzen, also der
Liebe zu uns selbst oder anderen Menschen, hinzu-
wenden.

Hochzeit bedeutet selten ein tatsächliches Geschehen im täglichen Leben. Vielmehr ist die Hochzeit
Sinnbild für die Vereinigung von Gegensätzen. Dieses kann sich im Leben des Träumenden real ab-
spielen oder im Laufe einer geistig-seelischen Entwicklung als positives Traumbild entstehen.

Hund ist der Freund des Menschen. Er gibt Hinweise
auf unsere Instinktnatur, kann Helfer oder Bedrohung sein. Seine Bedeutung richtet sich vor allem
nach seinem Verhalten. Ein aggressiver Hund deutet
auf unterdrücke Wut hin. Vielleicht ist eine »Revier-
verletzung« im Arbeitsbereich der Grund? Gefühle,
die unbewusst bleiben, können zu körperlichen Beschwerden führen und aus Konfliktscheu möglicherweise nicht bewusst wahrgenommen oder verdrängt werden, tauchen dann aber als warnender
Hinweis wieder auf. So gesehen ist auch ein aggressiver Hund ein Helfer im Traum, weil er auf wichtige
Gefühle hinweist. Ein Hund, der abgerichtet wird,
zeigt, dass wir versuchen, unsere Trieb- oder Instinktnatur zu kultivieren. Ein verletzter Hund weist
auf eine verwundete Instinktnatur hin. Ob wir uns
damit wohlfühlen? Ein fröhlicher Hund zeigt, dass
wir unseren Instinkten mutig gefolgt sind. In Prophe-
tischen Träumen kann ein Hund, der uns freudig
begrüßt, ein Hinweis auf einen Freund sein, der un-
erwartet zu Besuch kommt oder sich meldet.

Impotenz im Traumgeschehen drückt Enttäuschungen in der Partnerschaft, besonders im sexuellen Bereich, aus. Manchmal weist Impotenz im Traum auf
Minderwertigkeitsgefühle oder Angst vor Verlust von

Fähigkeiten hin, die für den Träumenden von Bedeutungen sind.

Indien symbolisiert ein der Innerlichkeit zugewandtes Leben. Situationen, in denen sich der Träumende in fremden Ländern befindet, erfordern für die Deutung persönliche Einfälle. Da Indien durch Meditationstechniken und Yoga eine besondere Bedeutung bekommt, kann es auf die Annäherung des Träumenden auf seine innersten seelischen Bereiche hinweisen.

Insekten, wie Käfer, Spinnen, Ameisen oder Küchenschaben, die in großen Massen den Träumenden bedrohen, sind als Gefahrensignal zu deuten und sinnbildlich als Angst, Zweifel oder Sorge dargestellt.

Insel: Eine Insel liegt einsam im Meer, dem Symbol für das Unbewusste. Träume von einer Insel können die drohende Isolierung des Träumenden von seiner Umwelt bedeuten. Je nach Trauminhalt kann die Insel aber auch den Wunsch nach Rückzug und Ruhe symbolisieren.

Invalide: Der Verlust eines Beines weist auf eine mangelnde seelische Gangart hin. Der Verlust oder die Verformung einer Hand kann eingeschränkte Handlungsfähigkeit symbolisieren. Minderwertigkeitsgefühle, Selbstzweifel, Lebensangst können sich ebenso im Traum als Körperbehinderung ausdrücken.

Jacht als Luxusschiff kann auf verborgene Wünsche des Träumers nach einem Leben in Reichtum und Schönheit hinweisen. Als Lebensschiff kündigt es auch eine Lebensphase in Sorglosigkeit und Freude an.

Jagd verweist auf die leidenschaftliche Suche nach dem Lebenssinn. Als zielsicheres Verfolgen der Beute kann sie die Suche nach dem Lebenssinn oder -ziel sein. Der Traumzusammenhang gibt den entscheidenden Hinweis z.B. auf Selbstbewusstsein, Vitalität. Aufschlussreich ist die Art des Wildes, das gejagt wird. Das scheue Reh ist möglicherweise Symbol für eine Frau, die der Mann im realen Leben erobern möchte. Frauen, die einen Mann erobern möchten, werden dies in ähnlicher Symbolik erleben können.

Käfer in großer, bedrohlicher Menge sind als Gefahrensignal zu deuten. Einige Käfer nehmen jedoch eine Sonderstellung ein. Der Hirschkäfer gilt als Fruchtbarkeitssymbol. Der Marienkäfer ist Glücksbote, der Maikäfer hingegen deutet aufgrund seiner nächtlichen Lebensweise auf Intuition hin.

Käfig im Traum zeigt bedrückende oder einengende Situationen auf. Das Gefühl der Unfreiheit kann sich auf Elternhaus, Partnerschaft, Beruf oder andere Lebensverhältnisse beziehen. Möglicherweise sind auch bestimmte Anlagen des Träumenden noch unentdeckt, beispielsweise kreative Potentiale, die noch ungelebt und unausgedrückt sind. Tiere, die in einem Käfig leben, können Hinweis auf nicht gelebte Triebkraft oder Sexualität sein.

Kampf: Widerstreitende Gefühle, Gedanken oder anstehende Entscheidungen können im Traum sinnbildlich als Kampf dargestellt werden. Ebenso gut kann es sich um einen Streit mit jedem anderen Menschen handeln. Auch der Kampf zwischen den Geschlechtern drückt sich in diesem Traumbild aus.

Kapitän symbolisiert meistens einen helfenden, beschützenden oder beratenden Traumaspekt. Er kann das höhere Selbst des Träumenden darstellen, das hilfreich das Lebensschiff durch die Stürme lenkt.

Katze unterstreicht den weiblichen Symbolgehalt des Traumes. Im alten Ägypten war die Katze ein heiliges Tier und genoss göttliche Verehrung. Das gebändigte Raubtierhafte und gleichzeitig spielerisch Geschmeidige, Weiche und Zärtliche der Katze unterstreichen den weiblichen Symbolgehalt. Ergibt der Traumzusammenhang eine erotische Bedeutung, kann die Einstellung der Sexualität noch auf einer animalisch spielerischen Stufe stehen. Wichtig ist Verhalten und Aussehen der Katze. Eine abgemagerte, ungepflegte Katze ist als Warnsignal zu verstehen und lässt auf vernachlässigte Persönlichkeitsanteile des Träumenden schließen.

Keller: Da das Haus sinnbildlich für das Seelengehäuse steht, ist der Keller mit dem persönlich Unbewussten gleichzusetzen. Verborgenes und Verdrängtes befinden sich in diesen Räumen und bereiten dem Träumenden Angst. Kellerträume sind Hinweise, die verdrängten Teile in das Bewusstsein herauf zu holen.

Kerze stellt als Lebenssymbol die individuelle Seele dar. Da das Licht der Kerze mit dem Lebenslicht gleichgesetzt wird, kann sie auf unsere Sterblichkeit hinweisen.

Kette im Traum, seien es Schmuck- oder Kerkerketten, signalisiert eine Bindung, Gebundenheit oder Gefangensein. Näheres ergibt das Gesamtgeschehen des Traums.

Kinder sind Zeichen für fröhliche Teile der Persönlichkeit. Die Symboldeutung des Kindes ist überaus vielfältig. Neue Entwicklungen können symbolisch als Kind dargestellt werden. Oft ist das Kind sinnbildlich für die spielerisch-fröhlichen Teile der Persönlichkeit zu sehen. Ein Warnsignal bedeutet es, wenn das Kind im Traum krank ist oder zu sterben droht. Es zeigt dem Träumenden, dass Seelisches in ihm abzusterben droht.

Kirche deutet auf eine verinnerlichte Persönlichkeitsentwicklung hin. Träume, in denen die Kirche eine Rolle spielt, sind Hinweise, sich mit dem Sinn des Lebens auseinanderzusetzen. Geistigkeit, Besinnung, aber auch Schutz können durch eine Kirche symbolisiert werden.

Kleider: Die Art der Kleidung verrät einiges über das Wesen des Trägers. »Kleider machen Leute!« – und so wählt unser Unterbewusstsein bestimmte Kleidungsstücke aus, um auf Verhaltensweisen oder Charakteranlagen hinzuweisen oder sie zu verstecken. Schwere Kleider, die den Körper panzern, können ein Symbol für Hemmungen sein. Pelzbekleidung kann den Wunsch nach Wärme, Liebe und Geborgenheit ausdrücken. Wichtig für die Beurteilung ist der Zustand der Kleidung, Farbe und Zweckmäßigkeit für die im Traum vorkommenden Handlungen. Das Wechseln der Kleider ist oft Symbol für den Eintritt in einen neuen Lebensabschnitt (Taufkleid, Brautkleid etc.).

Knoblauch gilt aufgrund seines starken Geruchs, der als vertreibende Kraft zu deuten ist, als Mittel gegen böse Geister. Nahrungs- oder Heilmittel, die im Traum häufiger auftauchen, können dazu auffordern, diese zur Förderung der Gesundheit in seinen Speiseplan zu integrieren.

Koffer und andere schwere Gepäckstücke zeigen symbolisch Sorgen, Probleme und Lasten an, die der Träumende mit sich herumträgt.

Lachen symbolisch gesehen löst Konflikte. Im Allgemeinen deutet Lachen im Traum auf Unbeschwertheit, Entspannung, Befreiung hin.

Lähmung im Traum sollten wir wörtlich nehmen. Sie drückt eine Behinderung im seelisch-geistigen Bereich aus. Lebenssituationen, aus denen wir uns nicht befreien, können im Traum symbolisch durch eine Lähmung erlebt werden. Manchmal handelt es sich auch um Triebwünsche, die wir verdrängen möchten und die im Traum durch Lähmung in Erfüllung gehen, weil das Gelähmtsein uns an der Abwehr oder Flucht hindert und uns damit aus der Schuldsituation bringt.

Lampe: Das Bild der brennenden Lampe oder Laterne weist den Träumenden darauf hin, dass ein Bewusstwerdungsprozess stattgefunden hat. Ihm kann ein Licht aufgehen oder er sieht eine Situation in einem anderen Licht.

Leiche: Tod im Traum ist ein Wandlungssymbol. Eine Leiche kann Hinweis auf abgestorbene Teile der Person sein, aber auch auf Beendigung eines Lebensabschnitts.

Leiter stellt im Traum Übergangssituationen dar. Das Aufsteigen kann eine Höherentwicklung im geistig-seelischen Bereich bedeuten.

Links ist die Herzseite, Seite des Gefühlsbereichs. Weiblichkeit, Emotionen und Unbewusstes können durch Betonung der linken Seite ausgedrückt sein. Entsprechend symbolisiert die rechte Seite eine Entwicklung in Richtung männlich, geistig und Bewusstsein.

Mahlzeit: Die Nahrungsaufnahme in Gemeinschaft deutet auf die Aufnahme von geistiger Nahrung hin. Die Speisen, die bei der Mahlzeit auf dem (Traum-)Tisch erscheinen, können vielfältig sein. Qualität und Quantität verweisen auf die seelische Nahrung, die sich der Träumende zurzeit zuführt. Fehlen bestimmte Nahrungsmittel, so kann im Leben des Träumenden ein Mangel bestehen. Je nach Traumzusammenhang kann die Nahrung auch ein Hinweis auf den realen Speiseplan des Träumenden sein. Es kann eine Ernährungsumstellung geboten sein.

Mantel ist ein Symbol des Schutzes, aber auch der Verhüllung. Farbe und Beschaffenheit des Mantels können weitere Hinweise geben.

Milch als erste Nahrung für das Neugeborene kann symbolisch als kraftspendende, seelische Ernährung betrachtet werden. In vielen Kulturen bedeutet sie ein Symbol für Fruchtbarkeit sowie für seelische und geistige Nahrung und für Unsterblichkeit.

Mord: Voller Erschrecken berichten die meisten Menschen über Träume, in denen ein Mord stattfindet. Eigene Anteile der Seele wurden umgebracht und es gilt zu erforschen, was wir dem lebendigen Prozess des Lebens geopfert haben, um geliebt zu werden. Das Leben fordert uns immer wieder heraus, für uns allein zu stehen, uns und unsere Qualitäten, Talente und Anlagen zu entwickeln. Wenn das den geliebten

Menschen in unserem Leben nicht gefällt, dann unterdrücken wir vielleicht etwas sehr Kostbares und ein Albtraum zwingt uns, nachzudenken und gleichzeitig zu erwachen. In der Pubertät können Träume vom Mord an Mutter und Vater auf die notwendige Ablösung von den Eltern hinweisen, damit das eigenverantwortliche Leben beginnen kann.

Mutter im Traum symbolisiert die Beziehung zu unserer Mutter, um auf dem Weg der Selbsterkenntnis gegebenenfalls die Mutterbeziehung kritisch-liebevoll zu beleuchten. Es kann aber auch sein, dass die Mutter nur Teile unseres Selbst verkörpert, die wir auf sie projiziert haben. Im Großen und Ganzen ist sie so etwas wie ein Archetypus als gesammelter Urseelengehalt der Menschheitserfahrung des Urmütterlichen.

Nacht: In Bildern der Nacht geht es oft um unbewusste Kräfte, die in das Bewusstsein dringen wollen. Möglicherweise erscheinen unsere Träume nicht in hellen und lichten Farben, weil wir gerade eine kummervolle Lebensphase durchqueren. Dann werden Farben eher durch Dunkelheit, dem geheimnisvollen Dunkel der Nacht, dargestellt.

Nachtigall: Dieser kleine Singvogel ist ein Symbol für Liebe, aber auch für sanftes Sterben. In Europa war sie ein glückverheißendes Omen.

Nackt zu sein im Traum kann mit einer gewissen Peinlichkeit belastet sein. Nackt zu sein heißt, dass wir uns selbst so sehen, wie wir gemacht wurden. Es kann darum gehen, dass wir uns tagsüber in einer Situation für etwas geschämt haben und per Traumkraft über diesen Traum erfahren, dass wir etwas zu verarbeiten haben.

Nase: Durch die Nase atmen wir, wir riechen mit ihr. Sie wird vor allem mit den männlichen Genitalien in Verbindung gebracht und hat darum eine Symbolik, die wiederum über den Traumzusammenhang zu erkennen ist. »Die Nase voll haben!«, »Die Nase hoch tragen!«, »Eine lange Nase machen!«, »Jemanden auf der Nase herumtanzen!«, »Den kann ich nicht riechen!« – all diese Wortspielereien in der Alltagssprache sollten wir, wenn wir von einer Nase träumen, hinzuziehen.

Nest ist ein Symbol der Geborgenheit. Auch hier ist wichtig zu schauen, ob es kunst- und liebevoll gestaltet oder zerstört ist. Fehlende Nestwärme, also frühkindliche Versorgung, kann sich über ein zerstörtes Nest zeigen.

Netz im Traum kann Befangenheit bedeuten, in einem Netz von Beziehungen verwickelt zu sein oder aber in einer Lebenssituation gefangen zu sein. Wir sollten uns also den Traum genau anschauen. Das Netz der Spinne ist z.B. ein Symbol der kosmischen Ordnung, hat aber auch eine schicksalhafte Bedeutung, wenn wir plötzlich im Netz der Spinne gefangen sind.

Neubau: Finden wir im Traum das Seelenhaus als Neubau dargestellt, geht es um eine seelische Neuorientierung.

Nuss hat die Bedeutung eines Ganzheitssymbols. Im Märchen finden wir sie verbunden mit Wunscherfüllung. Metaphysisch gemeint heißt es auch »Taube Nuss!« oder »Diese Nuss muss doch zu knacken sein!« Manchmal werden wir deklariert als »harte Nuss, aber mit einem weichen Kern!«

Ochse oder Büffel symbolisieren Friedfertigkeit und
Stärke. Büffel gaben ihr Leben, damit die Menschen
(Indianer) Nahrung, Kleidung und andere zum Über-
leben notwendige Dinge hatten. Der Ochse kann
auch ein Warnhinweis sein, dass man sich »wie ein
dummer Ochse« benimmt.

Ofen spendet im Haus Wärme. Wenn das Feuer im
Ofen brennt, können wir von genügend emotionaler
Wärme im Leben dieses Menschen ausgehen. Ist der
Ofen kalt oder zerstört, könnte dem Beziehungsleben
des Träumenden das lodernde Feuer der Lebenslust
oder Kreativität fehlen.

Ohr: Auch hier können wir über verschiedene Deu-
tungen nachsinnen. »Bis über beide Ohren in Schul-
den stecken!«, »Jemanden über's Ohr hauen!«, »Bis
über beide Ohren verliebt sein!«, »Der hat es faust-
dick hinter den Ohren!«, »Die Ohren spitzen!« - all
das können eindeutige Hinweise unserer Traumkraft
sein.

Olive steht für Fruchtbarkeit und Lebenskraft. Mit
einem Olivenzweig im Schnabel flog die Taube zurück zu Noahs Arche, was für Mensch und Tier be-
deutete, wieder an Land gehen zu können. Im Chris-
tentum bedeutet der Olivenzweig ein Zeichen des
Friedens und der Versöhnung mit Gott.

Operation im Traum zeigt, dass es in bestimmten
Bereichen der seelischen Struktur einer Heilung bedarf. Eine Herzoperation deutet auf Gefühlskonflikte
hin, eine Operation an den Händen auf Handlungs-
bedarf oder darauf, die Handlung einzuschränken.

Palme ist in früheren Zeiten ein Siegessymbol gewesen. Sie gilt auch als Baum des Lichts. Palmenzweige

sind ein weitverbreitetes Symbol für Sieg, Freude, Frieden. Die immergrünen Blätter sind außerdem ein Sinnbild für das ewige Leben und die Auferstehung in der christlichen Kunst (s.a. Baum). Eine zerstörte Palme kann auf eine schwierige Lebenssituation oder Krankheit hindeuten.

Pelikan wird als Symbol für eine aufopfernde Vater- und Mutterliebe gedeutet.

Pfau ist ein Vogel des Lichts und in Indien symbolisch als Reittier verschiedener Gottheiten bekannt.

Polizei steht für Autorität, Gesetz, Ordnung und Schutz. Andererseits spiegelt die Polizei auch das schlechte Gewissen oder die Ermahnung in Form eines symbolischen Zeigefingers wider.

Quelle kann sinnbildlich die Wiedergeburt, das ewige Leben darstellen oder einen Ursprungsort für die unerschöpfliche geistig-seelische Energie. In vielen Kulturen war die Quelle ein heiliger Ort, die von der Erdenmutter geschenkt wurde und deren Wasser immer lebensspendend war. Die Quelle als Ort der Heilung und Reinigung symbolisiert neu entstehendes oder verändertes Leben. Versiegt sie hingegen oder ist sie verschmutzt, deutet dies darauf hin, dass die seelisch-geistige Energie blockiert ist.
Der Brunnen ist synonym fast gleichzusetzen mit einer Quelle. Das lebensspendende Wasser des Brunnens ist also etwas mehr kultiviert worden. In der Quelle, die wir oft in Wäldern finden, liegt etwas Ursprüngliches, fast sogar Wildes.

Quitte als Frucht und geschätztes Lebensmittel hat in der Antike Symbolkraft für Glück, Liebe und Fruchtbarkeit erlangt. Eine griechische Braut brachte als Zeichen Ihrer Liebe, Fruchtbarkeit und Glück eine Quitte mit in das Haus ihres Ehemanns.

Rabe im Traum kann bedeuten, dass wir uns unserer unbewussten Lebensthemen wegen einer Art Lehre unterziehen sollen. Der Rabe als mystischer Vogel wird oft in Verbindung mit Hexen gesehen, die meistens weise Frauen waren, aber im Wechsel vom Matriarchat zum Patriarchat als Symbol des Bösen gesehen wurden. Der Rabe frisst Aas und nährt seine Jungen damit. In der alten Mythologie soll der Rabe Krankheit, Krieg und Tod ankündigen. Der Volksmund spricht von »Rabeneltern«, »Unglücksraben« und »Sie stehlen wie die Raben!«. Im Traum kann der Rabe einerseits als Lehrer erscheinen, aber auch unsere Charakteranteile warnend darstellen, in denen wir nicht ehrlich sind oder in Kontakt mit jemandem sind, der nicht ehrlich zu uns ist. Hier sollten wir genauer hinschauen, in welchem Zusammenhang der Rabe im Traum lebendig geworden ist.

Ratte ist ein sehr schlaues Tier, kann im Traum aber Angst auslösen. Sie kann einerseits bei Heranwachsenden ein Symbol der erwachenden, mit tierischen Impulsen belegten Sexualität darstellen oder aber warnend auf Menschen weisen, von denen wir uns nicht gut behandeln lassen. Eine deutsche Redensart besagt: »Die Ratten verlassen das sinkende Schiff!«, weshalb die Ratten im Traum immer auch symbolisch betrachtet zeigen, dass wir achtsamer mit uns und unserer Umgebung umgehen sollen.

Räuber im Traum zeigen meistens, dass wir uns in bestimmten Lebensprozessen verbarrikadiert haben. Wenn jemand mit Gewalt in unser Haus eindringt, scheint es so, als würde das Leben selbst wieder in unsere vielleicht von Kummer verschlossene Seele einbrechen wollen.

Regen symbolisiert Tränen oder auch, die Erde zu nähren. Ohne Regen, ohne Wasser ist Fruchtbarkeit nicht möglich. Hier kommt es auf die Art des Regens an: Ist der Regen sanft oder entlädt er sich in einem Unwetter? Geht es um eine Wassermasse, die uns bedroht? Hier kann Regen auch überwältigende Gefühle symbolisieren, die wir im Unbewussten verdrängen wollen.

Regenbogen im Traum deutet, ähnlich wie der Regenbogen, den Gott am Ende der Sintflut an den Himmel gesetzt hat, auf ein Versöhnungssymbol hin. Er ist auch eine Brücke, der uns in die andere Wirklichkeit führt und auf unserem Lebensweg in Wandlungsphasen auftreten kann.

Reise im Traum verweist meistens auf unsere Lebensreise. Wir können davon ausgehen, dass die Reise mit dem Zug wie von selbst geschieht. Sitzen wir aber im Auto, steuern wie unseren Lebenslernprozess selbst. Steigen wir vom Auto auf das Motorrad um, setzen wir uns stärker den Gefahren des Lebens aus. Wohingegen die Lebensreise mit dem Fahrrad ganz und gar unsere eigene Kraft erfordert.

Ring als Symbol der Ewigkeit kann im Traumgeschehen mehrere Bedeutungen haben. Denken wir an den Siegelring, Ehering, Schmuck- oder Verlobungsring – jeder von ihnen drückt im Traum eine andere Funktion aus. Ein Ring als Amulett kann beschützen, ein zerbrochener darauf hinweisen, dass eine Beziehung zerbrochen ist. Der Siegelring kann verdeutlichen, dass wir uns beruflich oder privat persönliche Macht erarbeitet haben. Ein Ring kann aber auch einengen.

Rose, Symbol der Liebe per se, deutet mit ihren Dornen auf Verletzungen hin, die uns zugefügt werden können, wenn wir uns für die Liebe öffnen. Die Rosenkreuzer wählten die Rose als ihr Symbol, wodurch sie auch zum Symbol für Verschwiegenheit wurde.

Salz als Nahrungsmittel hat symbolisch mit dem Salz des Lebens zu tun. Sollte es in unsere Träume rieseln, kann es verschiedene Bedeutungen haben. Mundartlich denken wir an: »Man hat mir die Suppe aber gehörig versalzen!« oder »Ihr seid das Salz der Erde!« Zum Wohnungseinzug wird uns Brot und Salz überreicht, weil Salz in früherer Zeit eine Kostbarkeit war. »Zur Salzsäure erstarrt zu sein!« – hier können wir davon ausgehen, einen Kummer in unserem Dasein nicht verarbeiten zu können.

Schlange als ein sich häutendes Wesen zeigt sich in unseren Träumen, wenn wir uns in Lebensphasen befinden, in denen wir wachsen, uns verändern und am liebsten in eine neue Haut schlüpfen möchten. Sie kann auch auftauchen, wenn ein Familienmitglied stirbt. In archaischen Kulturen wird die Schlange als Symbol der Unterwelt und des Totenreiches aufgefasst, kann für Täuschung und Enttäuschung stehen, für Verführerin, aber auch Ursymbol alles Weiblichen. Schlangengift kann töten, kann Leben beenden. Die Schlange, die sich in den Schwanz beißt, griechisch Ouroboros, ist ein Sinnbild der ewigen Wiederkehr des Menschen, in der Leben und Tod eins sind und alles ineinander fließt, ohne Anfang, ohne Ende.

Schleier versinnbildlicht, dass etwas vor unseren Augen verborgen bleiben soll, ist also Symbol für ein Geheimnis. Die Entschleierung deutet auf eine Lebens- oder Beziehungssituation hin, die wir nicht wirklich sehen wollen: Der Schleier ist gezogen und die bittere Wahrheit zeigt ihr Gesicht. Der Schleier kann auch ein Symbol der Offenbarung sein, der Erkenntnis und Initiation. Eine Braut trägt den Schleier, bevor sie in eine neue Lebensphase eintritt. Die Entschleierung geschieht, wenn der Bräutigam den Schleier von ihrem Gesicht nimmt und emporhebt, so dass sie symbolisch gesehen von der Frau zur Ehefrau wird.

Schlüssel im Traum kann darauf hinweisen, dass etwas geöffnet, aufgeschlossen werden will oder abgeschlossen ist. Schlüssel bedeuten Macht, wenn man Schlüsselgewalt über Wohnung, Haus oder Hof hat. Die Schlüsselübergabe drückt bei einem Wohnungswechsel den symbolischen Wechsel eines Lebensabschnittes aus. Auch kann der Trauminhalt verschlüsselt sein, sich auf esoterische Themen beziehen oder den Zugang zu Geheimnissen erschweren.

Schmetterling symbolisiert eine Wandlung. Er lebt in der Dunkelheit der Erde, wächst als Raupe in der Dunkelheit heran, um eines Tages im Sonnenlicht zu tanzen. Schon im Altertum war er ein Symbol für die Seele, die durch den Tod nicht zu zerstören ist. »Schmetterlinge im Bauch« zu haben, zeigt unsere Verliebtheit und kann deshalb eine Beziehung zum Liebesgott Eros oder Amor darstellen. Er kann für Befreiung und Neuanfang stehen. Das Wunder der Verwandlung der ineinander übergehenden Erscheinungszustände ist neben der immensen Schönheit und Leichtigkeit etwas, das die Menschen von altersher mit der Seele in Verbindung gebracht haben.

Schmuck: Wenn wir im Traum mit Schmuck verschönert werden, kann das symbolisch eine Auszeichnung darstellen. Wir haben uns quasi etwas Wichtiges durch Selbsterkenntnis oder das Traumstudium erarbeitet. Die Seele belohnt den Träumenden, weil er auf dem Weg mit Konzentration und Durchhaltevermögen weitergegangen ist.

Schnee im Traum kann auf eine emotional unterkühlte Lebenssituation hinweisen. Die durch Wasser symbolisierten Gefühle sind gefroren, der Mensch lebt in einer emotional eher kühlen Atmosphäre.

Schnur ist wie die Kette ein Symbol von Verbindung und Zusammenhalt. Eine durchbrochene, zerschnittene Schnur kann ein Sinnbild sein, dass eine Beziehung oder Verbindung gelöst wurde. Je nach Trauminhalt kann es Befreiung oder Enttäuschung bedeuten.

Schuh ist in der Symbolik als Kleidungsstück für unseren Lebensweg zu sehen. Sind wir mit gutem Schuhwerk unterwegs, scheint auch der Lebensweg für uns gangbar zu sein. Kaputte Schuhe oder zu enge weisen auf einen nötigen Schuhwechsel hin. Der Schuh des Schneewittchens weist aber auch auf erotische, sexuelle Bedeutung in Liebesdingen hin. Es gab Ernte- und Hochzeitsbräuche, in denen der Schuh ein Fruchtbarkeitssymbol war.

Schwein im Traum kann auf einen Menschen hinweisen, der sich schweinisch benimmt, aber auch auf Sexualität und Fruchtbarkeit. Das Schwein war Glücks- und Fruchtbarkeitssymbol in früheren Zeiten. Wir sagen beispielsweise: »Schwein haben, heißt Glück haben!« An besonderen Festtagen wurden Spanferkel am Spieß gebraten. Schweine wurden der

Fruchtbarkeitsgöttin Demeter geopfert. Es kann Verrohung symbolisieren, aber auch Kraft und Mut. Da Schweine sehr klug sind und immer eng bei uns Menschen lebten, können sie unsere eigene instinktgelenkte Klugheit spiegeln.

Schwert steht für Kraft, Tapferkeit und Macht. Mit dem Schwert wird Wichtiges von Unwichtigem geteilt und deutet somit auf Entscheidungen im Leben hin. Es trennt Gut und Böse, so dass wir es als Symbol der Gerechtigkeit verstehen können. Auch hier geht es wieder um den Gesamtzusammenhang.

Sonne ist als Symbol für Kraft, Licht und Wärme bekannt und wurde in alten Kulturen als Gottheit verehrt. Eine verdunkelte Sonne deutet auf eine erschöpfte, ermüdete Lebenskraft hin.

Stab steht für Macht und magisches Wissen. Denken wir nur an den Zauberstab oder Stab des Moses, mit dem er gegen den Fels schlug, sodass Wasser sprudelte. Auch der Gott Merkur war mit seinem Stab unterwegs. Wir finden den Stab zusammen mit der Schlange als Symbol der Heilung. Wir können ihn auch als sexuelles Phallussymbol betrachten.

Stadt symbolisiert die göttliche Ordnung. Sie kann auch als Seelenstadt des Träumers gesehen werden. Streunt man durch verwahrloste Straßen, liegt es nahe, dass bestimmte Lebensbereiche nicht genügend gefühlt werden.

Stein kann Seelenkräfte bedeuten, die versteinert sind. Es kann auch der »Stein des Anstoßes« gemeint sein. Als Grabstein steht er zum Schutz der Toten. Man verstand den Ort des Grabsteins als Kraftort, an dem die Seele der Toten weiterlebt. Symbolisch steht der Stein als Sinnbild für Stärke und Schutz. Der Edelstein deutet auf etwas sehr Kostbares hin und der »Stein des Weisen« auf den Weg der Selbsterkenntnis, den wir nur durch verschiedene Bewusstwerdungs- und Wandlungsprozesse des Lebens erkennen können.

Sterne sind Lichter am dunklen Nachthimmel, Symbol für Hoffnung und Orientierung in unserem Leben. Wenn wir von Sternen träumen, kann dies mit einem starken Glücksgefühl und Hoffnung in einer momentanen Krisenphase verbunden sein. Zurzeit Jesu Geburt orientierten sich die Drei Heiligen aus dem Morgenland an einem Stern,
um den Ort zu finden, an dem das Neugeborene zu verehren war. Ein Stern im Traum kann Neues künden, aber auch jene Sterne beleuchten, denen wir folgen sollen, wenn wir bewusst und lebendig leben wollen. Sterne symbolisieren himmlische Kräfte.

Storch symbolisiert das Neue. Er ist ein Glückssymbol. In einigen Ländern gilt er als Symbol, das die Babys bringt. Auch als Seelenträger war er in manchen Kulturen bekannt. Da er als Zugvogel alljährlich wiederkehrt, symbolisiert er auch die Auferstehung.

Sturm im Traum deutet auf eine sehr bewegte Lebenszeit hin.

Sumpf oder **Moor** können Ruhe und Zufriedenheit, aber auch das Feststecken auf unserem Lebensweg bedeuten. Sind wir versumpft, fehlt uns die erforderliche Kraft, um uns daraus zu befreien?

Tanz kann Lebensfreude oder göttliche Verehrung symbolisieren. In früheren Kulturen wurden im Tanz die Schöpferkräfte verehrt. Rituelle Tänze waren in allen Kulturen ein Mittel, die Verbindung zwischen Himmel und Erde herzustellen. Es gibt Tänze, in denen man die Fruchtbarkeit des Landes durch Regen herabflehte. Schamanen und Medizinmänner tanzten, wenn sie Einblick in die Zukunft erhalten oder jemanden heilen wollten. Tanzen drückt also kosmische Harmonie und Lebensfreude aus oder zeigt eine Lebensphase, in der wir uns den kosmischen Kräften untergeordnet haben.

Taufe wird als rituelle Waschung verstanden, als Reinigungsprozess oder geistige Entwicklung. »Aus der Taufe gehoben werden« bedeutet, dass wir durch eine Initiation hindurchgegangen sind. Früher wurde die Taufe immer in einem Fluss, übertragbar dem Lebensfluss, durchgeführt und war sinnbildlich eine spirituelle Reinigung und Herabkunft des heiligen Geistes.

Teig weist auf unseren Lebensprozess hin. Wenn wir an dem Teig arbeiten, arbeiten wir an der Entwicklung unserer Seele. Gelingt er nicht, haben wir womöglich die Essenz unserer Entwicklungsphase nicht verstanden.

Tiere weisen regelhaft auf instinktive, unbewusste Teile der Seele hin. Instinktstarke Menschen spüren Gefahren und Chancen sehr viel besser als Menschen, denen der Zugang zu ihren Instinkten verwehrt ist und deshalb diese Kräfte, die in uns allen schlummern, als böse Kräfte definieren.

Tod im Traum muss uns keine Angst machen. Er ist ein schlichter oder erschreckender Hinweis, dass etwas in unserem Leben sterben muss, zu Ende geht. Ob Lebensabschnitt, Arbeits- oder Beziehungssituation, wird der Lebensprozess zeigen. Pubertierende Kinder träumen oft vom Tod, weil die Kindheit stirbt. Das einzig Sichere im Leben ist die Veränderung. Stillstand in der inneren Entwicklung bedeutet immer Tod. So kann der Tod im Traum auch ein Hinweis sein, dass wir gerne an den sicheren Gewohnheiten festhalten möchten, das Leben aber zu neuen Ufern aufruft.

Treppe oder **Leiter** sind Symbole, die uns im Traum begegnen können, wenn wir Entwicklungsschritte machen. Auch hier kann uns die Treppe in Etagen unserer Seele führen, die im spirituellen Bereich liegen oder aber in den Keller, wo unbewusste Kräfte und unaufgearbeitete Lebensthemen warten.

Tür ist als Durchgang oder Übergang von einem Lebensbereich in einen anderen zu verstehen. Wenn eine Tür hinter uns zugeht, öffnet sich eine andere. Diese Deutung zeigt, dass uns das Leben Türen in andere Lebens- und Bewusstseinsebenen öffnet, wenn wir dazu bereit sind. Letztendlich werden wir die Tür zu durchschreiten haben, die uns in eine andere Wirklichkeit führt, in den Tod.

Ungeheuer im Traum, von Kindern auch als Monster betitelt, deuten auf bedrohliche Aspekte unserer Seele hin, mit denen wir uns noch nicht angefreundet haben. Monster im Außen sind Symbole für die im Inneren, weil uns die Außenwelt widerspiegelt. Jeder Schatz, jeder wichtige Persönlichkeitsteil, den wir an uns entdecken, kann von einem Monster bewacht werden und deutet auf Schwierigkeiten und Prüfungen hin, die jeder auf dem Weg zur Persönlichkeitsentwicklung durchlaufen muss.

Unwetter, im Traum als **Sturm oder Gewitter** dargestellt, kann auf eine bevorstehende stürmische Lebensphase hinweisen.

Verbrennung: Feuer im Traum hat immer eine zerstörerische Kraft. Eine gezielte Verbrennung kann Sinnbild von Läuterung und Verwandlung sein. Verbrennung toter Körper bei Begräbnissen ist letztendlich Ausdruck der letzten Transformation, die unsere Seele zu durchlaufen hat.

Vögel sind Boten des Himmels, Mittler zwischen Himmel und Erde. Auch Engel tragen Flügel, so wie die Vögel. Ein Vogel kann auf die eingesperrte Lebenskraft des Träumenden hinweisen, sollte der Vogel in einem Käfig leben. Können wir ihn befreien, ist dies Ausdruck, dass die Seele wieder mit den Kräften des Lebens, des Himmels und der Erde vereint und wieder frei ist. Ein kranker Vogel versinnbildlicht eine Seele, die nicht genügend Freiheit hat, um sich selbst zu entdecken.

Wald zeigt in Phasen der Desorientierung den unbewussten Bereich, den der bewusste Mensch nur zögernd betritt. Hier können böse Kräfte auf uns lauern. Wenn wir uns aber auf die Seelenreise begeben, ist der Wald ein bedeutender, heiliger oder auch geheimnisvoller Bereich. Eremiten fürchten seine Gefahren nicht, weil sie sich von höheren Kräften beschützt fühlen.

Wasser symbolisiert unsere Gefühle. Zu betrachten ist, wie das Wasser beschaffen ist: Ist es sauber, haben sich Gefühle geklärt, ist es schwarz, ruhen im Unbewussten möglicherweise schwierige Gefühle, ist das Wasser lebendig, dann ist das Lebenswasser gerade sehr in Bewegung. Wenn es als Sintflut daherkommt, bezeichnet es, dass wir unsere Gefühle viel zu lange zurückgehalten haben und es sich nun als Flutwelle oder als Gefahr aus dem Unbewussten mit seiner zerstörerischen Macht zeigt. Wasser kann auch das Weibliche und alle Kräfte des Unbewussten der verdrängten Gefühle darstellen.

Wein ist ein Getränk der göttlichen Liebe und kann Werkzeug zur spirituellen Erkenntnis und Lebensfülle sein. Jesus nutzte Wein beim Abendmahl, weshalb Wein auch ein Wandlungssymbol ist. Wein galt als Lebenselixier und Unsterblichkeitstrank.

Weizen: Unser Brot wird aus Weizen gemacht, der als Symbol für Geburt und Tod, aber auch Tod und Wiedergeburt verstanden wird. Die Ähre symbolisiert Fruchtbarkeit, Wachstum und Ernte in unserem Leben.

Wiege: Träumen wir von ihr, kann sie unsere Sehnsucht nach mütterlicher Geborgenheit oder den Schoß eines Menschen anzeigen, der uns hält und Geborgenheit schenkt.

Wind kann göttliche Kräfte darstellen. Er kann uns als Hauch berühren, als kräftiger Sturm entgegen blasen oder Fruchtbarkeit, Flüchtigkeit und Unbeständigkeit symbolisieren. Der Wind selbst ist nicht greifbar, aber in seiner Energie setzt er Fruchtbarkeitsprozesse in Gang. Er kann einen Richtungswechsel andeuten. »Die Fahne nach dem Wind richten« ist umgangssprachlich ein bekannter Ausdruck, wenn wir nicht für uns stehen oder unsere Meinung nicht vertreten können.

Wolf ist ein sehr Instinkt gesteuertes Rudelwesen, das, wenn es hinkend und krank in unsere Träume gelangt, die Vernachlässigung unserer Instinkte bedeutet. »Ein »Wolf im Schafspelz« symbolisiert jemanden, der Harmlosigkeit heuchelt.

Wolken können eine bewölkte Lebensphase versinnbildlichen, in der das Sonnenlicht die Bewusstwerdung zu verbergen scheint. Als Regenbringer sind Wolken Fruchtbarkeitssymbole, müssen im Traumzusammenhang aber als solche erkannt werden.

Wüste als Ort des Rückzugs, an dem uns keine Reize der Außenwelt von der Innenschau ablenken, kann bedeuten, dass wir uns zurzeit in einer wüsten Lebenssituation wiederfinden – wüst im Sinne von chaotisch, aber auch im Sinne einer sehr kargen Lebensphase, die es für uns alle gelegentlich zu durchwandern gilt. Der Lohn am Ende bleibt nicht aus, weil uns die Zeiten des Rückzugs und der Einsamkeit im Inneren gestärkt haben.

Wurm kann ein Warnsignal sein, wenn uns in einer entsprechenden Lebensphase nicht bewusst ist, dass etwas nicht gut läuft. Wenn wir von Würmern träumen, sollten wir unser Leben prüfen, ob »… irgendwo der Wurm drin' sein könnte!« Gelegentlich kann er auch eine Wandlung symbolisieren, ähnlich wie Schlange oder Schmetterling. Hier gilt es zu differenzieren, ob sich der Wurm als Raupe oder Regenwurm zeigt, weil er dann wiederum auch Fruchtbarkeit für Rasen und Kompost bedeutet.

Zähne, die ausfallen, zeigen auf Kraftverlust hin. »Daran beiße ich mir die Zähne aus!« bedeutet, dass wir uns in eine bestimmte Situation verbissen haben. Gesunde Zähne zeugen von Kraft und Vitalität, aber auch von Aggressivität und Durchbeißungsvermögen.

Zepter als Schmuck der Herrschenden bedeutet höchste Macht und Würde. Es galt früher als Götterattribut und kann in der Symbolik des Stabes nachgelesen werden.

Zimmer im Traum symbolisiert einen Teil unseres Seelenhauses und will uns durch seine Besonderheiten aufrufen, in diesen Bewusstseinsbereich tiefer einzutauchen. Als Besonderheiten können ein aufgeräumtes oder unaufgeräumtes, leeres oder volles Zimmer zweckdienlich sein.

Zweig: Der grüne Zweig symbolisiert Ehre, Ruhm und Unsterblichkeit. In Märchen lesen wir von einem goldenen Zweig, der gesucht wird. Wir schmücken an besonderen Festtagen mit Zweigen das Haus: Tannenzweige zu Weihnachten, Palmenzweige zu Ostern. Für verschiedene hohe Feiertage gab es auch verschiedene Zweige, so dass wir das Symbol eines grünen Zweiges als Wachstumssymbol verstehen können. Ist der Zweig vertrocknet oder abgeknickt, kann es sich um vertrocknete Lebensbereiche handeln, die danach verlangen, dass wir uns erneut um sie kümmern.

Inhaltsverzeichnis